WEIHNACHTEN IST
KEINE JAHRESZEIT,
sondern ein Gefühl!

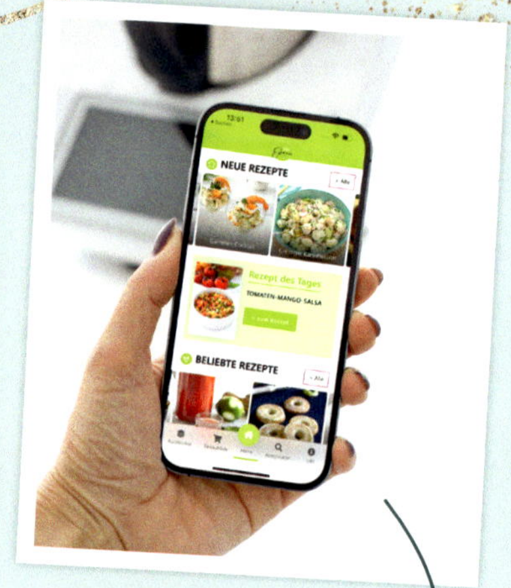

Impressum

Herausgeber & Copyright:
© C. T. Wild Verlag & Handel GmbH
Saueracker 7, D-93309 Kelheim
Tel. 09441 703772-0
Email: info@mixgenuss.de
www.mixgenuss.de

1. Auflage – Oktober 2023
ISBN-Nr.: 978-3-96181-060-4

Autorin: Corinna Wild
Gestaltung & Layout: Eva Gruber

Rezeptfotos: © Corinna Wild
Grafiken von Creative Market: © Alisovna, © Lisima

Druck und Bindung:
Grafisches Centrum Cuno GmbH & Co. KG,
39240 Calbe (Saale)

App & Blog

Jetzt kostenlos downloaden
MixGenuss Kochapp
www.mixgenuss.de/app

Unser Foodblog
www.mixgenuss-rezepte.de

Social Media

www.instagram.com/mixgenuss
www.facebook.com/mixgenuss
www.pinterest.de/mixgenuss

VORWORT

Die festliche Zeit des Jahres ist angebrochen, und mit ihr kommt die Freude, die Wärme und der unverwechselbare Duft von Weihnachten. In diesem Buch „Weihnachtszauber mit MixGenuss" möchten wir Sie einladen, gemeinsam mit uns die Magie der Weihnachtsküche zu erleben. Der Thermomix, Ihr treuer Begleiter in der Küche, wird Ihnen dabei helfen, kulinarische Meisterwerke zu zaubern, die Ihre Liebsten und Gäste begeistern werden.

Auf den folgenden Seiten finden Sie eine liebevoll zusammengestellte Sammlung von Rezepten, die die gesamte Bandbreite der festlichen Küche abdecken. Von zarten Plätzchen, über duftende Kuchen, die den Raum mit Wärme erfüllen, bis hin zu verlockenden Vorspeisen, herzhaften Hauptgerichten und verführerischen Desserts.

Mit dem Thermomix sparen Sie nicht nur Zeit, sondern die Zubereitung der Speisen wird auch zu einem mühelosen und dennoch kreativen Erlebnis.

Weihnachten ist eine Zeit des Teilens, der Liebe und des Zusammenseins. Wir hoffen, dass die Rezepte in diesem Buch dazu beitragen, unvergessliche Momente mit Ihren Lieben zu schaffen. Lassen Sie sich inspirieren, experimentieren Sie in der Küche und erleben Sie die Freude, wenn Ihre Kreationen bewundert und genossen werden.

Wir wünschen Ihnen eine zauberhafte Weihnachtszeit, die reich an kulinarischen Höhepunkten und unvergesslichen Augenblicken ist.

INHALT

Rezeptübersicht

PLÄTZCHEN

KUCHEN & TORTEN

GETRÄNKE & GESCHENKE

VORSPEISEN & SUPPEN

HAUPTGERICHTE

SÜSSES & DESSERTS

PLÄTZCHEN

Ausstechplätzchen Grundrezepte

Zu Beginn des Kapitels finden Sie drei Grundrezepte. Nach dem Backen können Sie die Plätzchen nach Belieben verzieren, ob mit Schokoglasur, bunten Streuseln, Zuckerguss oder Puderzucker.

BUTTERPLÄTZCHEN

ca. 60 Stück

Zutaten

100 g	Zucker
300 g	Mehl
½ TL	Backpulver
1 TL	Vanillezucker
1	Ei
200 g	weiche Butter, in Stücken

Zubereitung

Zucker im Mixtopf **10 Sek./Stufe 10** pulverisieren. Restliche Zutaten zugeben und **30-40 Sek./Stufe 4** zu einem Mürbeteig verarbeiten.

Teig aus dem Mixtopf nehmen, von Hand zu einer Kugel kneten und in Frischhaltefolie wickeln. Ca. 1 Std. in den Kühlschrank legen. Teig auf der leicht bemehlten Arbeitsfläche dünn ausrollen und beliebige Formen ausstechen. Plätzchen auf ein mit Backpapier belegtes Backblech geben und im vorgeheizten Backofen bei 180°C Ober-/Unterhitze ca. 10-12 Min. backen.

Pro Stück:
50 kcal / 5 g KH / 1 g EW / 3 g Fett

GEWÜRZPLÄTZCHEN

ca. 60 Stück

Zutaten

50 g	Haselnusskerne, ganz
250 g	Mehl
130 g	Zucker
1 Prise	Salz
1 TL	Backkakao
½ TL	Zimt
50 g	Puderzucker
150 g	Butter, in Stücken
1	Ei
1 TL	Lebkuchengewürz

Zubereitung

Haselnusskerne im Mixtopf **8 Sek./Stufe 7** mahlen. Restliche Zutaten zugeben und **30-40 Sek./Stufe 4** zu einem Teig verarbeiten.

Teig aus dem Mixtopf nehmen, von Hand zu einer Kugel kneten und in Frischhaltefolie wickeln. Ca. 1 Std. in den Kühlschrank legen. Teig auf der leicht bemehlten Arbeitsfläche ca. 4 mm dünn ausrollen und beliebige Formen ausstechen. Plätzchen auf ein mit Backpapier belegtes Backblech setzen und im vorgeheizten Backofen bei 180°C Ober-/ Unterhitze ca. 10-12 Min. backen.

Pro Stück:
53 kcal / 6 g KH / 1 g EW / 3 g Fett

MANDELPLÄTZCHEN

ca. 40 Stück

Zutaten

150 g	Mandeln, ganz
250 g	Mehl
½ TL	Backpulver
75 g	Zucker
1 P.	Vanillezucker
1	Ei
200 g	Butter, in Stücken

Zubereitung

Mandeln in den Mixtopf geben und **10 Sek./Stufe 7** mahlen. Restliche Zutaten zugeben und **30-40 Sek./Stufe 4** zu einem Mürbeteig verarbeiten.

Teig aus dem Mixtopf nehmen, von Hand zu einer Kugel kneten und in Frischhaltefolie wickeln. Ca. 1 Std. in den Kühlschrank legen. Teig auf der leicht bemehlten Arbeitsfläche dünn ausrollen und beliebige Formen ausstechen. Plätzchen auf ein mit Backpapier belegtes Backblech geben und im vorgeheizten Backofen bei 180°C Ober-/Unterhitze ca. 10-12 Min. backen.

Pro Stück: 92 kcal / 7 g KH / 2 g EW / 6 g Fett

80
Stück

NOUGATSTERNE

Ausstechplätzchen

Für den Teig

100 g Butter, in Stücken
200 g Nougat, schnittfest
1 Ei
300 g Mehl
½ TL Backpulver
1 Prise Salz
1 Prise Zimt, gem.
etwas Vanillearoma

Zum Bestäuben

ca. 4-5 EL Puderzucker

Tipp: Wer möchte, kann die Plätzchen auch mit flüssiger Schokolade nach Belieben verzieren.

Zubereitung

Butter und Nougat in den Mixtopf geben und **15 Sek./Stufe 4** vermengen. Restliche Teigzutaten zugeben und **30 Sek./Stufe 4** vermengen.
Teig auf die Arbeitsfläche geben und von Hand zu einer Kugel kneten. Die Teigmenge halbieren und jeweils in Frischhaltefolie einwickeln.
Für ca. 40 Min. in den Kühlschrank stellen.

Backofen auf 160°C Umluft vorheizen.
Teig auf etwas Mehl ausrollen und Sterne ausstechen. Hinweis: Der Teig ist sehr weich und sollte nicht zu dünn ausgerollt werden. Lieber etwas dicker und dafür kleinere Sterne ausstechen. Die Sterne auf zwei mit Backpapier belegte Backbleche setzen.

Im vorgeheizten Backofen ca. 10-12 Min. backen. Danach vollständig abkühlen lassen und mit Puderzucker bestäuben.

Pro Stück:
36 kcal / 4 g KH / 1 g EW / 2 g Fett

Backtemperatur: 160°C Umluft
Backzeit: ca. 10-12 Min.
Schwierigkeitsgrad: einfach

50
Stück

PUDDINGWÖLKCHEN

mit Orangenaroma

Für den Teig

80 g Mandeln, ganze
80 g Zucker
1 Prise Salz
250 g Butter, in Stücken
1 P. Vanillepuddingpulver
250 g Mehl
1 TL Backpulver
etwas Orangenaroma

Zum Bestäuben

ca. 4-5 EL Puderzucker

Zubereitung

Mandeln und Zucker in den Mixtopf geben und **10 Sek./Stufe 7** mahlen. Restliche Teigzutaten zugeben und **30 Sek./Stufe 4** vermengen. Teig auf die bemehlte Arbeitsfläche geben und von Hand zu einer Kugel kneten.

Backofen auf 160°C Umluft vorheizen.
Nun kleine Kugeln (walnussgroß) formen und mit etwas Abstand auf zwei mit Backpapier belegte Backbleche setzen. Im vorgeheizten Backofen ca. 15-18 Min. backen. Nach der Hälfte der Zeit die Bleche tauschen.

Danach die Plätzchen etwas abkühlen lassen und mit Puderzucker bestäuben.

Tipp: In einer Blechdose lagern. Nach ein paar Tagen schmecken sie am besten.

Pro Stück:
79 kcal / 7 g KH / 1 g EW / 5 g Fett

Backtemperatur: 160°C Umluft
Backzeit: ca. 15-18 Min.
Schwierigkeitsgrad: einfach

50
Stück

VANILLEKIPFERL

nach Oma's Rezept

Für den Teig

100 g Mandeln, ganze
80 g Zucker
1 Vanilleschote, Mark davon
1 Prise Salz
200 g kalte Butter, in Stücken
2 Eigelb
280 g Mehl

Zum Wälzen

3 P. Vanillezucker
3 EL Puderzucker

Zubereitung

Mandeln in den Mixtopf geben und **10 Sek./Stufe 7** mahlen. Restliche Teigzutaten zugeben und **30 Sek./Stufe 4** vermengen. Teig auf die bemehlte Arbeitsfläche geben und von Hand zu einer Kugel kneten. In Frischhaltefolie einwickeln und ca. 40 Min. in den Kühlschrank legen.

Backofen auf 160°C Umluft vorheizen.
Die Hälfte des Teiges herausnehmen, der Rest bleibt noch im Kühlschrank. Teig zu einer langen Rolle formen, mit einem Messer kleine Scheiben abschneiden und diese zu Kipferl rollen.
Auf zwei mit Backpapier belegte Backbleche setzen und im vorgeheizten Backofen ca. 12 Min. backen.

Danach etwas abkühlen lassen und in der Mischung aus Puderzucker und Vanillezucker wälzen.

Pro Stück:
76 kcal / 7 g KH / 1 g EW / 5 g Fett

Backtemperatur: 160°C Umluft
Backzeit: ca. 12 Min.
Schwierigkeitsgrad: einfach

50
Stück

MOHNPLÄTZCHEN

mit Johannisbeergelee

Für den Teig

80 g	Mohn
200 g	Mehl
125 g	Butter, in Stücken
60 g	Zucker
1	Ei
1 Prise	Salz
etwas	Vanillearoma

Zum Füllen

50 g	Johannisbeergelee

Zum Bestäuben

2-3 EL Puderzucker

Zubereitung

Mohn in den Mixtopf geben und **10 Sek./Stufe 9** mahlen. Restliche Teigzutaten zugeben und **30 Sek./Stufe 4** vermengen. Teig auf die Arbeitsfläche geben und von Hand zu einer Kugel kneten.

Vom Teig kleine Portionen abnehmen und rund rollen. Die Kugeln auf zwei mit Backpapier belegte Backbleche legen. Etwas Abstand halten.

Backofen auf 160°C Umluft vorheizen. Mit dem Stiel eines Holzkochlöffels oder Essstäbchens Mulden eindrücken und im vorgeheizten Backofen 12 Min. backen. Danach abkühlen lassen.

Johannisbeergelee erhitzen und mithilfe eines kleinen Espressolöffels in die Mulden füllen. Erneut abkühlen lassen und zum Schluss mit Puderzucker bestäuben.

Pro Stück:
53 kcal / 6 g KH / 1 g EW / 3 g Fett

Backtemperatur: 160°C Umluft
Backzeit: ca. 12 Min.
Schwierigkeitsgrad: einfach

Backtemperatur: 180°C Umluft
Backzeit: ca. 10 Min.
Schwierigkeitsgrad: einfach

SPRITZGEBÄCK

für den Spritzbeutel

Für den Teig

100 g Zucker
60 g Mandeln, ganze
60 g Cashewkerne
etwas Vanillearoma
1 Prise Salz
150 g weiche Butter, in Stücken
1 Ei
220 g Mehl
20 g Milch

Zum Verzieren

150 g Zartbitterkuvertüre
ggf. etwas gehackte Pistazienkerne

Zubereitung

Zucker in den Mixtopf geben und **10 Sek./Stufe 10** pulverisieren. Mandeln und Cashewkerne zugeben und **10 Sek./Stufe 7** mahlen. Vanillearoma, Salz, Butter und Ei zugeben und **30 Sek./Stufe 4** vermengen. Mehl und Milch zugeben und erneut **30 Sek./Stufe 4** vermengen.

Backofen auf 180°C Umluft vorheizen.
Den Teig in einen Spritzbeutel mit Sterntülle (6 mm) füllen. Zwei Backbleche mit Backpapier belegen und den Teig in beliebigen Formen, z.B. Kringel oder Stangen, auf die Backbleche spritzen.

Im vorgeheizten Backofen ca. 10 Min. backen. Danach vollständig abkühlen lassen und mit flüssiger Kuvertüre und Pistazien nach Belieben verzieren.

Pro Stück:
100 kcal / 9 g KH / 2 g EW / 6 g Fett

Tipp: Dieses Rezept ergibt nur eine kleine Menge und kann natürlich verdoppelt werden.

Backtemperatur: 170°C Umluft
Backzeit: ca. 10-12 Min.
Schwierigkeitsgrad: einfach

VANILLEKÜSSCHEN

Für den Teig

120 g	Mehl
30 g	Speisestärke
1 Prise	Salz
etwas	Vanillearoma
130 g	weiche Butter, in Stücken

Außerdem

2-3 EL	Aprikosenkonfitüre
30 g	weiche Butter
60 g	Puderzucker
etwas	Vanillearoma
etwas	Puderzucker zum Bestäuben

Zubereitung

Backofen auf 170°C Umluft vorheizen. Teigzutaten in den Mixtopf geben und **30 Sek./Stufe 4** vermengen. Den Teig in einen Spritzbeutel mit Sterntülle (6 mm) füllen. Zwei Backbleche mit Backpapier belegen und den Teig in Tupfen (40 Stück) auf die Backbleche spritzen.

Im vorgeheizten Backofen ca. 10-12 Min. backen. Danach vollständig abkühlen lassen.

Die Hälfte der Plätzchen mit Konfitüre bestreichen. Mixtopf spülen. Weiche Butter, Puderzucker und Vanillearoma im Mixtopf **20 Sek./Stufe 4** cremig rühren. Buttermasse auf die zweite Hälfte der Plätzchen streichen und jeweils ein Plätzchen mit Konfitüre und eins mit Buttercreme zusammensetzen.

Zum Schluss mit Puderzucker bestäuben.

Pro Stück:
100 kcal / 9 g KH / 1 g EW / 7 g Fett

60
Stück
Tipp: Die Eischneemasse lässt sich bequem mit einer Saucenflasche auftragen.
Backtemperatur: 160°C Umluft
Backzeit: ca. 7-9 Min.
Schwierigkeitsgrad: mittel

PISTAZIENSTERNE

mit Marzipan

Für den Teig

100 g Pistazienkerne
100 g Mandeln, ganze
100 g Marzipanrohmasse
150 g Zucker
1 Eiweiß
1 Prise Salz

Für die Verzierung

150 g Puderzucker
1 Eiweiß (Gr. L)

Zubereitung

Für den Teig Pistazienkerne und Mandeln in den Mixtopf geben und **10 Sek./Stufe 7** fein mahlen. Mit dem Spatel die Masse im Mixtopf kurz auflockern. Restliche Teigzutaten zugeben und **20 Sek./Stufe 4** vermengen.

Teig aus dem Mixtopf nehmen, von Hand zu einer Kugel kneten. Teig auf der leicht bemehlten Arbeitsfläche dünn ausrollen und Sterne ausstechen.

Für die Verzierung Puderzucker und Eiweiß im sauberen Mixtopf **1 Min./Stufe 3** cremig rühren und auf die Sterne geben.

Im vorgeheizten Backofen bei 160°C Umluft ca. 7-9 Min. backen.

Pro Stück:
47 kcal / 6 g KH / 1 g EW / 2 g Fett

Backtemperatur:
175°C Ober-/Unterhitze
Backzeit: ca. 18-20 Min.
Schwierigkeitsgrad: einfach

Haselnuss-PLÄTZCHEN

Für den Teig

100 g Butter, in kl. Stücken
120 g Zucker
2 Eier
1 Prise Salz
etwas Bittermandelaroma
150 g Mehl
1 EL kaltes Wasser

Außerdem

100 g Haselnusskerne
2 EL Nuss-Nougat-Creme

Zubereitung

Butter und Zucker im Mixtopf **20 Sek./Stufe 4** vermengen. Eier trennen und Eiweiß beiseitestellen. Eigelb sowie restliche Teigzutaten zugeben und **15 Sek./Stufe 4** vermengen. Den Teig auf die Arbeitsfläche geben und von Hand zu einer Kugel kneten. Diese in Frischhaltefolie wickeln und 1 Std. in den Kühlschrank geben.

In der Zwischenzeit Haselnüsse in den Mixtopf geben und **15 Sek./Stufe 4.5** hacken. Auf einen tiefen Teller umfüllen. Eiweiß ebenso in einen tiefen Teller geben. Backofen auf 170°C Ober-/Unterhitze vorheizen. Aus dem Teig nun kleine Kugeln formen, erst in Eiweiß und dann in die Nüsse tauchen. Auf ein mit Backpapier belegtes Backblech geben und mit dem Stiel eines Holzkochlöffels ein Loch eindrücken. Im vorgeheizten Backofen ca. 18-20 Min. backen. Auf dem Blech vollständig abkühlen lassen.

Nuss-Nougat-Creme in eine Schüssel geben, bei 70°C für ca. 5 Min. in den Ofen stellen und danach in die Löcher füllen. Abkühlen lassen und in einer Blechdose aufbewahren.

Pro Stück:
68 kcal / 6 g KH / 1 g EW / 4 g Fett

Tipp:

Können in einer Metalldose 1-2 Wochen aufbewahrt werden.

Backtemperatur: Grillfunktion
Backzeit: 2-3 Min. pro Schicht
Schwierigkeitsgrad: einfach

BAUMKUCHEN-

Für den Teig

5	Eier
70 g	Zucker
1 Prise	Salz
180 g	Butter, in kl. Stücken
etwas	Vanillearoma
70 g	Puderzucker
100 g	Marzipanrohmasse
50 g	Milch
1 EL	Amaretto o. etwas Bittermandelaroma
80 g	Mehl
40 g	Speisestärke
30 g	Mandeln, gem. ohne Haut (blanchiert)

Außerdem

150 g	Zartbitterkuvertüre

88 kcal / 7 g KH
1 g EW / 6 g Fett

Zubereitung

Zuerst die Eier trennen. **Rühraufsatz einsetzen.** Eiweiß mit 70 g Zucker und 1 Prise Salz im Mixtopf auf **Stufe 4** steif schlagen (dauert ca. 1-2 Min.) Umfüllen und **Rühraufsatz entfernen.**

Eigelb mit Butter, Vanillearoma und Puderzucker in den Mixtopf geben und **1 Min./Stufe 4** cremig rühren. Marzipan, Milch und Amaretto zugeben und **30 Sek./Stufe 4** mixen. Mehl, Speisestärke, Mandeln und Eischnee zugeben, mit dem Spatel kurz vermengen und dann **10 Sek./Stufe 5** unterrühren.

Nun Backofen auf Grillfunktion stellen und einen Gitterrost im oberen Drittel des Backofens einsetzen. Eine kleine Back- oder Auflaufform (ca. 20 x 25 cm) fetten und den Teig schichtweise backen:
Immer ca. 2 EL Teig in die Form füllen und mit der Löffelrückseite gleichmäßig dünn verteilen. Die Form für 2-3 Min. in den Backofen geben, bis die Oberfläche leicht gebräunt ist. Dann herausnehmen, wieder eine dünne Schicht Teig darauf verstreichen und erneut für 2-3 Min. in den Ofen stellen. So lange wiederholen, bis der Teig verbraucht ist.

Kuchen vollständig abkühlen lassen. Nach Belieben in kleine Dreiecke oder auch Würfel schneiden. Mit flüssiger Kuvertüre überziehen und trocknen lassen.

Backtemperatur: 170°C Umluft
Backzeit: ca. 12-14 Min.
Schwierigkeitsgrad: einfach

Italienische ZITRONENKEKSE

Für den Teig

275 g	Mehl
1 TL	Backpulver
1	Ei
1 Prise	Salz
100 g	Butter, in Stücken
100 g	Zucker
1	Bio-Zitrone

Zum Wälzen

50 g	Zucker
60 g	Puderzucker
etwas	Puderzucker zum Bestäuben

Zubereitung

Alle Teigzutaten in den Mixtopf geben und **15 Sek./Stufe 4** vermengen. Teig auf die bemehlte Arbeitsfläche geben, von Hand zu einem länglichen Teigstück kneten. In 4 Teile teilen. Aus jedem Teil 10 Kugeln formen, etwa in der Größe einer Walnuss. Teigkugeln auf ein Brett oder einen Teller setzen und im Kühlschrank 30 Min. durchkühlen lassen.

Backofen auf 170°C Umluft vorheizen.
Nun die Kugeln zuerst in Zucker wälzen, dann in Puderzucker. Mit etwas Abstand auf zwei mit Backpapier belegte Backbleche setzen.
Im vorgeheizten Backofen ca. 12-14 Min. backen.

Abkühlen lassen und nochmal mit Puderzucker bestäuben.

Pro Stück:
66 kcal / 10 g KH / 1 g EW / 2 g Fett

Backtemperatur: 170°C Umluft
Backzeit: ca. 12-15 Min.
Schwierigkeitsgrad: einfach

MANDELSTANGEN

mit Marzipan

Für den Teig

400 g Marzipanrohmasse
150 g Puderzucker
20 g Speisestärke
2 Eiweiß (Gr. M)
50 g gemahlene Mandeln (ohne Haut)
100 g Mandelblättchen

Außerdem

100 g Zartbitterkuvertüre

Zubereitung

Marzipan in Stücken in den Mixtopf geben und **5 Sek./Stufe 5** zerkleinern. Puderzucker, Stärke, Eiweiß und gemahlene Mandeln zugeben und **15 Sek./Stufe 5** verrühren. Masse in einen Spritzbeutel mit großer Lochtülle füllen. Backofen auf 170°C Umluft vorheizen.

Zwei Backbleche mit Backpapier belegen und ca. 25-30 Streifen (ca. 6 cm Länge) daraufspritzen. Einige Mandelblättchen darauf verteilen und leicht andrücken.

Im vorgeheizten Backofen ca. 12–15 Min. backen. Nach der Hälfte der Zeit die Bleche tauschen.

Etwas abkühlen lassen, die Stangen vom Blech nehmen und auf einem Kuchengitter vollständig abkühlen lassen. Kuvertüre schmelzen, eine Seite der Stangen eintauchen, abtropfen lassen und zum Trocknen auf ein Backpapier oder Kuchengitter legen.

Pro Stück:
141 kcal / 12 g KH / 3 g EW / 8 g Fett

Backtemperatur: 160°C Umluft
Backzeit: ca. 12-14 Min.
Schwierigkeitsgrad: einfach

Double Choc COOKIES

Für den Teig

300 g	Mehl
1 TL	Backpulver
250 g	Butter, in Stücken
150 g	brauner Zucker
1 P.	Vanillezucker
30 g	Backkakao
1	Ei
15 g	Milch
100 g	Schokotröpfchen

Außerdem

75 g	Zartbitterkuvertüre

Zubereitung

Alle Teigzutaten (außer Schokotröpfchen) in den Mixtopf geben und **20 Sek./Stufe 4** vermengen. Teig auf die Arbeitsfläche geben, Schokotröpfchen zugeben und von Hand unterkneten. Teig für ca. 30 Min. in den Kühlschrank stellen.

Backofen auf 160°C Umluft vorheizen. Vom Teig kleine Portionen (je 15 g) abnehmen und Kugeln formen. Auf zwei mit Backpapier belegte Backbleche setzen und leicht flach drücken.

Im vorgeheizten Backofen ca. 12-14 Min. backen. Abkühlen lassen und mit geschmolzener Kuvertüre verzieren.

Pro Stück:
77 kcal / 8 g KH / 1 g EW / 5 g Fett

KUCHEN *und* TORTEN

Für die Weihnachtszeit dürfen himmlische Kuchen- und Tortenkreationen auf keinen Fall fehlen. Mit einer Tasse Kaffee oder Tee und einem Stück selbst gebackener Torte können Sie und Ihre Liebsten es sich an den besinnlichen Tagen gemütlich machen.

Egal ob an einer festlich eingedeckten Kuchentafel oder gemeinsam beim Schauen eines Weihnachtsfilms - diese Momente lieben wir an Weihnachten sehr und mit unseren süßen Kreationen können Sie die Zeit gleich doppelt genießen.

24
Stücke

Backtemperatur:
190°C Ober-/Unterhitze
Backzeit: ca. 20-25 Min.
Schwierigkeitsgrad: einfach

STOLLENKUCHEN

Für den Teig

200 g	weiche Butter, in Stücken
4	Eier
100 g	Haselnusskerne, ganz
150 g	Zucker
etwas	Vanillearoma
etwas	Rumaroma
1 TL	Zimt, gem.
¼ TL	Muskat, gem.
150 g	Marzipanrohmasse
250 g	Magerquark
400 g	Mehl
1 P.	Backpulver
100 g	Zitronat
100 g	Orangeat

Außerdem

125 g	Butter
5-6 EL	Puderzucker

Pro Stück:

297 kcal / 30 g KH
6 g EW / 17 g Fett

Zubereitung

Backofen auf 190°C Ober-/Unterhitze vorheizen. Butter, Eier, Haselnüsse, Zucker sowie Vanille- und Rumaroma in den Mixtopf geben und **40 Sek./Stufe 6** mixen. Gewürze, Marzipan in Stücken und Quark zugeben und **20 Sek./Stufe 4** mixen. Mehl, Backpulver, Zitronat und Orangeat hinzufügen und **30 Sek./Stufe 4-5** mixen. Dabei den Spatel zur Hilfe nehmen und durch das Deckelloch etwas mitrühren.

Den Teig auf ein mit Backpapier belegtes Backblech geben und glatt streichen. Im vorgeheizten Backofen 20-25 Min. backen.

Kurz bevor der Kuchen fertig ist, Butter für die Verzierung schmelzen und den warmen Kuchen damit dick bestreichen. Kurz abkühlen lassen und dick mit Puderzucker bestäuben.

Zum Servieren in kleine Stücke 5 x 5 cm schneiden.

Tipp: Wer Zitronat und Orangeat feiner mag, kann wie folgt vorgehen: Beides mit den Haselnüssen im Mixtopf auf **Stufe 7** fein mahlen. Umfüllen und im letzten Schritt mit dem Mehl wieder zugeben.

28
Stücke

Backtemperatur:
180°C Ober-/Unterhitze
Backzeit: ca. 10 Min.
Schwierigkeitsgrad: einfach

Spekulatius-SCHNITTEN

Für den Teig

4	Eier
140 g	Zucker
140 g	Mehl
1 TL	Backpulver
1 TL	Spekulatiusgewürz

Für den Belag

700 g	Mango-Maracuja-Saft
50 g	Zucker
2 P.	Vanillepuddingpulver
2 Dosen	Mandarin-Orangen (à 175 g Abtr.gew.)
500 g	Sahne
1 EL	Zucker
28	Gewürz-Spekulatius-kekse

Zubereitung

Rühraufsatz einsetzen. Eier und Zucker im Mixtopf **15 Min./40°C/Stufe 4** aufschlagen. Mehl, Backpulver und Spekulatiusgewürz zugeben und **5 Sek./Stufe 3** unterrühren. Auf ein mit Backpapier belegtes Backblech geben und im vorgeheizten Backofen bei 180°C Ober-/Unterhitze ca. 10 Min. goldgelb backen.

In der Zwischenzeit Saft, Zucker und Puddingpulver im Mixtopf **5-6 Min./90°C/Stufe 3** erhitzen, bis die Masse andickt. Mandarin-Orangen absieben und mit dem Spatel unterheben. Masse auf den gebackenen Biskuit geben und vollständig abkühlen lassen.

Sahne und Zucker steif schlagen und auf den erkalteten Kuchen streichen. Mit Spekulatiuskeksen belegen und mehrere Stunden durchziehen lassen, bis die Kekse weich werden.

Pro Stück:
167 kcal / 23 g KH / 2 g EW / 7 g Fett

Backtemperatur:
180°C Ober-/Unterhitze
Backzeit: ca. 30-40 Min.
Schwierigkeitsgrad: einfach

Zutaten

250 g	Mandeln, gem.
200 g	Mehl
½ TL	Zimt, gem.
1 Msp.	Nelken, gem.
1 TL	Abrieb einer Bio-Zitrone
¼ TL	Bourbon Vanillezucker
¾ TL	Backpulver
1 Prise	Salz
150 g	Puderzucker
1	Ei
1	Eigelb
250 g	weiche Butter, in Stücken
250 g	Johannisbeergelee

Zubereitung

Alle Zutaten (außer Johannisbeergelee) in den Mixtopf geben und **25-30 Sek./Stufe 4** vermengen. Umfüllen, in Folie einwickeln und für 30 Min. in den Kühlschrank geben. Backofen auf 180°C Ober-/ Unterhitze vorheizen.

Danach ⅔ des Teiges zwischen zwei Lagen Frischhaltefolie ausrollen. Die Tarteform fetten und mit Teig auslegen. Überstehende Ränder abschneiden. Den Teigboden mit einer Gabel mehrfach einstechen. Johannisbeergelee darauf verteilen. In den Kühlschrank stellen.

Den restlichen Teig ebenso ausrollen und Sterne ausstechen. Auf die Tarte legen und im vorgeheizten Backofen 30-40 Min. backen.

Für diese Tarteformen geeignet
rechteckig: 13-14 cm x 33-36 cm
rund: 25-26 cm

Pro Stück:
672 kcal / 56 g KH / 11 g EW / 44 g Fett

48
Stücke
Hinweis:
Bei dem Kuchen
wird kein Backpulver
verwendet.
Backtemperatur:
180°C Ober-/Unterhitze
Backzeit: ca. 40 Min.
Schwierigkeitsgrad: einfach

Schoko-KOKOSWÜRFEL

Für den Teig

250 g Zucker
250 g weiche Butter, in Stücken
1 Prise Salz
1 TL Zitronenschalenabrieb
2 Eigelb
3 Eier
250 g Mehl

Außerdem

300-350 g Johannisbeerkonfitüre
5 Eiweiß
1 Prise Salz
200 g Zucker
200 g Kokosraspeln

80 g Zartbitterkuvertüre

Pro Stück:
154 kcal / 18 g KH
2 g EW / 8 g Fett

Zubereitung

Backofen auf 180°C Ober-/Unterhitze vorheizen. Zucker im Mixtopf **10 Sek./Stufe 10** pulverisieren. Butter, Salz, Zitronenschalenabrieb und Eigelb zugeben und **1 Min./Stufe 4** mixen. Sobald der Thermomix läuft, die drei Eier nacheinander durch die Deckelöffnung zugeben. Mehl hinzufügen und **20 Sek./Stufe 5** mixen. Reste vom Mixtopfrand lösen und nochmal **5 Sek./Stufe 5** mixen.

Teig auf ein mit Backpapier belegtes Backblech geben und glatt streichen. Im vorgeheizten Backofen ca. 20 Min. backen. In dieser Zeit Mixtopf fettfrei spülen.

Kuchen aus dem Ofen nehmen und mit Johannisbeerkonfitüre bestreichen. Temperatur auf 160°C zurück regeln.

Rühraufsatz einsetzen. Eiweiß, Salz und Zucker im Mixtopf auf **Stufe 4** steif schlagen. Kokosraspeln zugeben und **5 Sek./Stufe 4** unterrühren. Eiweiß-Kokos-Masse auf die Marmeladenschicht streichen. Kuchen bei 160°C nochmal 20 Min. fertig backen. Abkühlen lassen und mit geschmolzener Kuvertüre verzieren. Zum Servieren in kleine Würfel von 3 x 3 cm schneiden.

Backtemperatur: Grillfunktion
Backzeit: ca. 30 Min.
Schwierigkeitsgrad: einfach

BAUMKUCHEN-TORTE

mit Kirschen

Für den Boden

100 g	Marzipanrohmasse
200 g	Butter, in Stücken
200 g	Zucker
etwas	Vanillearoma
5	Eier (Gr. M)
1 Prise	Salz
160 g	Weizenmehl, Type 405
40 g	Speisestärke
2 TL	Backpulver

Für den Belag

1 Glas	Kirschen (Abtr.gew. 370 g)
1 P.	Vanillepuddingpulver
2 TL	Zimt, gem.
2 EL	Zucker
200 g	Sahne

ggf. Zimtsterne zur Deko

Pro Stück:
293 kcal / 30 g KH
4 g EW / 17 g Fett

Zubereitung

Marzipan in den Mixtopf geben und **5 Sek./Stufe 6** zerkleinern. Butter, Zucker, Vanillearoma, Eier und Salz zugeben und **2 Min./37°C/Stufe 4** vermengen. Mehl, Speisestärke und Backpulver zugeben und **5 Sek./Stufe 5** unterrühren.

Eine Springform (Ø 26 cm) mit Backpapier auslegen. 2-3 EL Teig hineingeben und glatt streichen. Im Backofen mit Grillfunktion 2-3 Min. backen, bis sich die Schicht bräunlich färbt. Darauf wieder 2-3 EL Teig geben, glatt streichen und wieder backen. Diesen Vorgang wiederholen, bis der Teig verbraucht ist. Nach der letzten Schicht den Kuchen aus dem Ofen nehmen und vollständig abkühlen lassen.

Kirschen absieben und Saft zusammen mit dem Vanillepuddingpulver, 1 EL Zucker und 1 TL Zimt in den Mixtopf geben. **3-4 Min./80°C/Stufe 3** erhitzen. Sobald die Temperatur von 80°C erreicht ist, Thermomix stoppen. Kirschen zugeben und mit dem Spatel unterrühren. Masse auf den Kuchen geben und abkühlen lassen (gerne über Nacht). Sahne mit 1 EL Zucker und 1 TL Zimt steif schlagen und auf den Kuchen streichen.

10
Stücke

Ohne backen!
Kühlzeit: 4-5 Std.
Schwierigkeitsgrad: einfach

Vanillekipferl-TORTE

Für den Teig

200 g Vanillekipferl
60 g Butter

Außerdem

6 Blätter Gelatine
200 g Sahne
2 P. Vanillezucker
30 g Amaretto o. Licor 43
200 g Schmand
80 g Zucker
600 g Doppelrahmfrischkäse

10 kleine Vanillekipferl zur Dekoration

Zubereitung

Zuerst Gelatineblätter in kaltem Wasser einweichen. Vanillekipferl in den Mixtopf geben und **10 Sek./Stufe 6** mahlen. Umfüllen. Butter in den Mixtopf geben und **4 Min./80°C/Stufe 2** schmelzen. Vanillekipferlbrösel zugeben und **10 Sek./Stufe 3** vermengen.

Eine Springform (Ø 20 cm) mit Backpapier auslegen und Teig am Boden der Form mit den Händen andrücken. In den Kühlschrank stellen. Mixtopf spülen.

Rühraufsatz einsetzen und Sahne mit Vanillezucker auf **Stufe 3.5** steif schlagen. **Rühraufsatz entfernen** und Sahne umfüllen.

Likör und ausgedrückte Gelatineblätter in den Mixtopf geben und **3 Min./70°C/Stufe 2** schmelzen. Schmand und Zucker zugeben und **10 Sek./Stufe 4** mixen. Frischkäse und Sahne zugeben und **15 Sek./Stufe 3.5** unterrühren. Masse auf den Boden gießen und für mind. 4-5 Std. in den Kühlschrank stellen. Gerne über Nacht. Mit kleinen Vanillekipferln dekorieren.

Pro Stück:
478 kcal / 15 g KH
16 g EW / 38 g Fett

12 Stücke

Nussiger WEIHNACHTS-KUCHEN

Backtemperatur:
180°C Ober-/Unterhitze
Backzeit: ca. 60-65 Min.
Schwierigkeitsgrad: mittel

Für den Teig

110 g Butter
70 g Zucker
225 g Mehl
2-3 EL kaltes Wasser

Für das Pflaumenmus

1 Glas Pflaumen, halbe Frucht, gezuckert (Abtr.gew. 395 g)
50 g Speisestärke
15 g Zitronensaft

Für die Nussmasse

200 g gemischte Nüsse (Haselnüsse, Mandeln, Walnüsse, Cashewkerne etc.)
30 g Orangeat
3 Eier
150 g Zucker
etwas Vanillearoma
1 geh. EL Zimt, gem.
120 g Milch
130 g Sahne
50 g Semmelbrösel
20 g Mehl
1 TL Backpulver

Pro Stück:
446 kcal / 51 g KH
7 g EW / 23 g Fett

Zubereitung

Alle Teigzutaten in den Mixtopf geben und **20-30 Sek./Stufe 4** vermengen. Auf die Arbeitsfläche geben und von Hand zu einer Kugel kneten. In Frischhaltefolie wickeln und für 1 Std. in den Kühlschrank geben.

In der Zwischenzeit das Pflaumenmus kochen. Hierzu Pflaumen absieben und Flüssigkeit auffangen. Pflaumen in den Mixtopf einwiegen und mit der Flüssigkeit aus dem Glas auf 500 g auffüllen. **10 Sek./Stufe 7** pürieren. Speisestärke und Zitronensaft zugeben und **4-6 Min./90°C/Stufe 3** erhitzen, bis die Masse andickt. Umfüllen und abkühlen lassen.

Backofen auf 180°C Ober-/Unterhitze vorheizen. Teig aus dem Kühlschrank nehmen, ausrollen und eine Springform (Ø 26 cm) damit auskleiden. Dabei einen Rand hochziehen. Teig mehrfach mit einer Gabel einstechen und im vorgeheizten Backofen 15 Min. vorbacken. In dieser Zeit die Nussmasse zubereiten. Mixtopf spülen. Nüsse und Orangeat im Mixtopf **10 Sek./Stufe 6** fein mahlen. Umfüllen. Eier, Zucker, Vanillearoma, Zimt, Milch und Sahne **30 Sek./Stufe 5** mixen. Gemahlene Nüsse und restliche Zutaten zugeben und **15 Sek./Stufe 4** mixen. Nachdem der Teig vorgebacken ist, Pflaumenmasse darauf geben und glatt streichen. Nussmasse darauf gießen und den Kuchen 45-50 Min. fertig backen. Kuchen 15 Min. abkühlen lassen, aus der Form lösen und am besten bis zum nächsten Tag durchziehen lassen.

15
Stücke

Backtemperatur: 200°C Umluft
Backzeit: ca. 8-10 Min.
Schwierigkeitsgrad: mittel

TIRAMISU-SCHNITTEN

Für den Teig

4 Eier
140 g Zucker
1 TL Zimt, gem.
140 g Mehl
1 TL Backpulver

Für die Quarkcreme

400 g Sahne
40 g Zucker
500 g Sahnequark, 20%
1 P. Sofortgelatine

Außerdem

1 Glas Himbeerkonfitüre (370 g)
250 g Löffelbiskuit
300 g Milch
1 EL Zimt, gem.

Zimtsahne

400 g Sahne
1 TL Zimt, gem.
1 P. Vanillezucker

etwas Backkakao

Zubereitung

Backofen auf 200°C Umluft vorheizen.
Rühraufsatz einsetzen. Eier, Zucker und Zimt im Mixtopf **15 Min./40°C/Stufe 4** aufschlagen. Mehl und Backpulver zugeben und **6 Sek./Stufe 3** unterrühren. Teig in eine mit Backpapier ausgelegte rechteckige Springform geben und glatt streichen.

Im vorgeheizten Backofen ca. 8-10 Min. backen. Danach mit Himbeerkonfitüre bestreichen. Abkühlen lassen.

Mixtopf spülen. **Rühraufsatz einsetzen** und 400 g Sahne mit Zucker auf **Stufe 3.5** steif schlagen. Quark und Sofortgelatine zugeben und **35 Sek./Stufe 3** rühren. Quarkcreme auf die Himbeerschicht streichen. Löffelbiskuitstangen in dem Gemisch aus Milch und Zimt tränken und auf die Sahne-Quarkschicht legen.

Restliche Sahne (400 g) mit 1 TL Zimt und Vanillezucker steif schlagen und auf die Löffelbiskuitstangen streichen. Für 3 Std. in den Kühlschrank stellen. Gerne auch über Nacht durchziehen lassen. Kurz vor dem Servieren mit Kakao bestreuen.

Pro Stück: 433 kcal / 52 g KH / 11 g EW / 20 g Fett

Backtemperatur:
200°C Ober-/Unterhitze
Backzeit: ca. 20 Min.
Schwierigkeitsgrad: einfach

GEWÜRZSCHNITTEN

Für den Teig

4 Eier (Gr. L)
230 g Zucker
1 P. Vanillezucker
250 g Öl
250 g Wasser
40 g Backkakao
350 g Mehl
1 P. Backpulver
etwas Rumaroma
1 TL Zimt, gem.
¼ TL Muskat, gem.
2 TL Lebkuchengewürz

Für den Guss

ca. 300 g Puderzucker
ca. 5 EL Wasser
50 g geschmolzene Schokolade

Zubereitung

Backofen auf 200°C Ober-/Unterhitze vorheizen. **Rühraufsatz einsetzen.** Eier, Zucker und Vanillezucker in den Mixtopf geben und **15 Min./40°C/Stufe 4** aufschlagen. Öl in ein Glas abwiegen. Thermomix auf **Stufe 3** laufen lassen und das Öl langsam im dünnen Strahl durch das Deckelloch zugießen. Restliche Zutaten für den Teig zugeben und **6 Sek./Stufe 3** unterrühren.

Teig auf ein mit Backpapier belegtes tiefes Backblech gießen und glatt streichen. Im vorgeheizten Backofen ca. 20 Min. backen. Danach vollständig abkühlen lassen.

Puderzucker in eine Schüssel geben und mit Wasser glatt rühren. Es soll ein dick-cremiger Guss entstehen. Guss auf dem Kuchen verteilen und glatt streichen. Die geschmolzene Schokolade in Linien auf den Kuchen geben und mit einem Stäbchen die Linien quer verstreichen. So entsteht ein schönes Muster. Abkühlen lassen und in Stücke schneiden.

Pro Stück:
262 kcal / 35 g KH / 3 g EW / 12 g Fett

Backtemperatur:
200°C Ober-/Unterhitze
Backzeit: ca. 8-10 Min.
Schwierigkeitsgrad: mittel

Spekulatius-Kirsch-BISKUITROLLE

Für den Teig

4 Eier
140 g Zucker
1 P. Vanillezucker
140 g Mehl
1 gestr. TL Backpulver
1 TL Spekulatiusgewürz

Für die Füllung

3 EL Nuss-Nougat-Creme
250 g Sahne
250 g Mascarpone
1 Glas Kirschen (Abtr.gew. 175 g)

Außerdem

150 g Sahne, steif geschlagen
etwas Backkakao

Pro Stück:
255 kcal / 23 g KH
4 g EW / 16 g Fett

Zubereitung

Backofen auf 200°C Ober-/Unterhitze vorheizen. **Rühraufsatz einsetzen.** Eier, Zucker und Vanillezucker in den Mixtopf geben und **15 Min./40°C/Stufe 3** aufschlagen. Mehl, Backpulver und Spekulatiusgewürz zugeben und **5 Sek./Stufe 3** unterrühren. **Rühraufsatz entfernen.** Ggf. Mehlreste vom Mixtopfrand mit dem Spatel unterrühren.

Teig auf ein mit Backpapier ausgelegtes Backblech geben und im vorgeheizten Backofen ca. 8-10 Min. backen. Auf keinen Fall zu lange, sonst bricht die Rolle! Gebackenen Biskuit noch heiß auf ein mit Zucker bestreutes Geschirrtuch stürzen. Backpapier abziehen und den Biskuit samt Geschirrtuch aufrollen. Ca. 15 Min. abkühlen lassen und wieder ausrollen. Biskuit mit Nuss-Nougat-Creme bestreichen.

Rühraufsatz einsetzen und 250 g Sahne auf **Stufe 3.5** steif schlagen. Mascarpone zugeben und **10 Sek./Stufe 4** unterrühren. Masse ebenfalls auf den Biskuit streichen und mit abgetropften Kirschen belegen. Biskuit mithilfe des Geschirrtuchs aufrollen. Rolle mit geschlagener Sahne bestreichen und mit Kakao bestäuben.

Backtemperatur: 180°C O-/U
Backzeit: ca. 25-30 Min.
Kühlzeit: 2-3 Std.
Schwierigkeitsgrad: mittel

Zimt-Kirsch-TORTE

Für den Teig

3 Eier
150 g Zucker
1 TL Zimt, gem.
1 Röhrchen Rumaroma
250 g Mehl
2 TL Backpulver
175 g Öl
175 g Mineralwasser
100 g Raspelschokolade
2 EL Backkakao

Weitere Zutaten

1 Glas Kirschen (Abtr.gew. 370 g)
1 P. Vanillepuddingpulver
2 EL Zucker
250 g Sahne
3 Blatt Gelatine
50 ml Likör (z.B. Eierlikör oder Ramazzotti Crema)
250 g Quark, 20%
1 TL Zimt, gem.
50 g Zucker

Pro Stück:
345 kcal / 37 g KH
6 g EW / 19 g Fett

Zubereitung

Backofen auf 180°C Ober-/Unterhitze vorheizen. **Rühraufsatz einsetzen.** Eier, Zucker und Zimt im Mixtopf **10 Min./40°C/Stufe 4** aufschlagen. Restliche Teigzutaten zugeben und **6 Sek./Stufe 3** unterrühren. Teig in eine mit Backpapier ausgelegte Springform (Ø 26 cm) füllen und im vorgeheizten Backofen bei ca. 25-30 Min. backen. Abkühlen lassen. Einen Tortenring um den Boden stellen.

Mixtopf spülen. Waage aktivieren. Saft der Kirschen in den Mixtopf geben und mit Wasser bis 350 g Flüssigkeit auffüllen. Vanillepuddingpulver und Zucker zugeben und **5 Min./90°C/Stufe 3** aufkochen, bis es andickt. Kirschen mit dem Spatel unterheben und Masse auf den Boden geben. Abkühlen lassen. Mixtopf spülen.

Rühraufsatz einsetzen. Sahne hineingeben und auf **Stufe 3** unter Sichtkontakt steif schlagen. In eine Schüssel umfüllen. Gelatine in kaltem Wasser einweichen. **Rühraufsatz wieder einsetzen.** Gelatine ausdrücken, mit Likör in den Mixtopf geben und **1 Min./80°C/Stufe 2** schmelzen. Quark, Zimt und Zucker zugeben und **10 Sek./Stufe 3.5** unterrühren. Sahne zugeben und nochmal **10 Sek./Stufe 3** unterrühren. Creme auf die erkaltete Kirschmasse geben, glatt streichen und 2-3 Std. in den Kühlschrank stellen. Nach Lust und Laune verzieren.

10
Stücke
Backtemperatur:
170°C Ober-/Unterhitze
Backzeit: ca. 50-60 Min.
Schwierigkeitsgrad: einfach

Spekulatius-APFELKUCHEN

Für den Teig

70 g Butter
1 Ei (Gr. M)
125 g Mehl
25 g Zucker
1 Prise Salz

Für die Apfelfüllung

2 gr. Äpfel
30 g Spekulatius-Kekse
1 TL Zimt, gem.
25 g Zucker

Für die Mandelcreme

125 g Butter, in Stücken
2 Eier (Gr. M)
80 g Zucker
etwas Vanillearoma
125 g Mandeln, gem.
1 geh. EL Mehl

etwas Puderzucker zum Bestäuben

Zubereitung

Alle Zutaten für den Teig in den Mixtopf geben und **10-15 Sek./Stufe 4** vermengen. Eine kleine Springform (Ø 20 cm) mit Backpapier auslegen. Teig hineingeben und glatt drücken. Dabei einen Rand hochziehen. In den Kühlschrank stellen.

Backofen auf 170°C Ober-/Unterhitze vorheizen. Äpfel schälen und in kleine Würfel schneiden. Kekse mit den Händen klein bröseln und mit Zimt und Zucker zu den Äpfeln geben und vermengen.

Für die Mandelcreme alle Zutaten im Mixtopf **10-15 Sek./Stufe 4** vermengen. Die Hälfte der Mandelcreme auf den Teigboden streichen. Apfel-Keks-Masse darauf geben und restliche Mandelcreme darüber geben und glatt streichen.

Im vorgeheizten Backofen 50-60 Min. backen. Vollständig abkühlen lassen und vor dem Servieren mit etwas Puderzucker bestäuben.

Pro Stück:
370 kcal / 30 g KH / 7 g EW / 25 g Fett

Himbeer-
Balsamico
Himbeer-
Balsamico

GETRÄNKE *und* GESCHENKE

Sie sind noch auf der Suche nach einem selbstgemachten Geschenk für Familie, Freunde oder Arbeitskollegen? In diesem Kapitel finden Sie eine Auswahl an köstlichen Kreationen, die sich ideal zum Verschenken eignen.

Und beim Verpacken können Sie eine heiße Tasse selbstgemachten Kirschglühwein oder Punsch genießen. Rezepte dafür finden Sie auch in diesem Kapitel.

3
Flaschen
à 250 ml

Himbeer-
BALSAMICO

Zutaten

500 g TK-Himbeeren
180 g brauner Zucker
500 g Balsamicoessig, dunkel

Zubereitung

Alle Zutaten in den Mixtopf geben und zuerst **5 Sek./⟲/Stufe 3** mischen. Dann **25 Min./100°C/Stufe 0.5** erhitzen.

Alles durch ein feines Haarsieb geben und Flüssigkeit auffangen. Mixtopf kurz mit Wasser spülen und Flüssigkeit wieder in den Mixtopf füllen. Nochmal **2 Min./Varoma/Stufe 1** erhitzen und in heiß ausgespülte Flaschen füllen.

Pro 30 ml: 68 kcal / 12 g KH / 0 g EW / 0 g Fett

Schoko-Kirsch-MARMELADE

6 Gläser à 156 ml

Zutaten

2 Gläser Schattenmorellen
(Abtr.gew. á 340 g)
340 g Gelierzucker 2:1
50 g Zartbitterschokolade, 70% Kakaoanteil

Zubereitung

Kirschen absieben und in den Mixtopf geben. Dann **10 Sek./Stufe 5** zerkleinern. Gelierzucker zugeben und **5 Sek./Stufe 3.5** mischen.
Nun **12 Min./100°C/Stufe 2** kochen.
Sobald es sprudelnd kocht, kann die Zeit auf 4 Min. reduziert werden.
Bei Restlaufzeit 1 Min. die in Stücke gebrochene Schokolade zugeben.
Diese schmilzt in der heißen Marmelade. Im Anschluss sofort in heiß ausgespülte Gläser füllen, verschließen und auf dem Kopf stehend abkühlen lassen.

Pro 50 g: 117 kcal / 26 g KH / 0 g EW / 1 g Fett

500
Gramm

WEIHNACHTS-MÜSLI

"Nussknacker"

Zutaten

50 g	Pekannusskerne
60 g	Walnusskerne
50 g	Kürbiskerne
50 g	Sonnenblumenkerne
100 g	Mandelstifte
150 g	zarte Haferflocken
½ TL	Muskat, gem.
3 TL	Zimt, gem.
1 TL	Lebkuchengewürz
15 g	Sonnenblumenöl
50 g	Dattelsirup

Zubereitung

Backofen auf 160°C Umluft vorheizen. Pekannuss- und Walnusskerne mit einem Messer grob hacken und zusammen mit allen restlichen Zutaten in eine große Schüssel geben. Gut vermengen.

Masse auf ein mit Backpapier belegtes Backblech geben und im vorgeheizten Backofen ca. 15 Min. backen.

Abkühlen lassen und in ein Glas füllen.

Pro 100 g:
580 kcal / 30 g KH / 18 g EW / 41 g Fett

Backtemperatur: 160°C Umluft
Backzeit: ca. 15 Min.
Schwierigkeitsgrad: einfach

6
Tassen
6
Tassen

PUNSCH

Kinderpunsch

1	Zitrone
1	Orange
2 Btl.	Früchtetee
6	Nelken
1	Zimtstange
1 Prise	Muskat, gem.
50 g	Wasser
750 g	Apfelsaft
750 g	roter Traubensaft

Zubereitung

Zitrone und Orange halbieren und in Scheiben schneiden. Zusammen mit Früchteteebeuteln, Nelken und Zimtstange in den Gareinsatz geben. Gareinsatz in den Thermomix einsetzen und restliche Zutaten einfüllen. Das Ganze nun **15 Min./90°C/Sanftrührstufe** garen. Danach in Tassen füllen und mit Früchten garnieren.

Pro Tasse: 171 kcal / 38 g KH
1 g EW / 1 g Fett

Bratapfelpunsch

1	Zitrone
1	Orange
1 kl.	Apfel
5	Nelken
2	Zimtstangen
750 g	Apfelsaft
750 g	Weißwein
75 g	brauner Rum
1-2 EL	brauner Zucker

Zubereitung

Zitrone, Orange und Apfel halbieren und in Scheiben schneiden. Zusammen mit Nelken und Zimtstangen in den Gareinsatz geben. Gareinsatz in den Thermomix einsetzen und restliche Zutaten einfüllen. Das Ganze nun **15 Min./90°C/Sanftrührstufe** garen. Danach in Tassen füllen und mit Früchten garnieren.

Pro Tasse: 243 kcal / 26 g KH
1 g EW / 1 g Fett

8
Tassen

Kirsch-
GLÜHWEIN

Zutaten

1 Fl.	Rotwein (750 ml)
1 Liter	Kirschsaft
1 TL	Zimt, gem.
etwas	Vanilleextrakt
etwas	Bittermandelaroma
4 EL	Lebkuchensirup (siehe rechts)

Zubereitung

Zuerst Lebkuchensirup herstellen, siehe Rezept auf der rechten Seite.

Alle Zutaten für den Glühwein in den Mixtopf geben und **10 Min./70°C/Stufe 1** erwärmen. In Tassen füllen und genießen.

Der Glühwein hält sich mehrere Tage im Kühlschrank, bei Bedarf einfach wieder im Thermomix aufwärmen.

Pro Tasse: 161 kcal / 22 g KH / 0 g EW / 0 g Fett

Lebkuchen-
SIRUP

2
Gläser
à 200 ml

Zutaten

200 g Wasser
200 g Zucker
1 EL Lebkuchengewürz

Zubereitung

Alle Zutaten in den Mixtopf geben und **20 Min./100°C/Stufe 1** kochen.

Durch ein Sieb in ein Schraubglas oder eine Flasche füllen. Hält sich 2-3 Monate.

Pro 15 g: 34 kcal / 8 g KH / 0 g EW / 0 g Fett

Apfel-Zimt-LIKÖR

Zutaten

1 Liter	Apfelsaft, naturtrüb
3	Zimtstangen
175 g	brauner Zucker
etwas	Vanillearoma
500 g	weißer Rum

Zubereitung

Apfelsaft, Zimtstangen, Zucker und Vanillearoma in den Mixtopf geben und **15 Min./90°C/Sanftrührstufe** erwärmen. Rum zugeben und **10 Sek./ ↺ /Stufe 0.5** vermengen.

Likör mit Zimtstangen in Flaschen abfüllen und noch 1-2 Wochen ziehen lassen.

Hält sich 2-3 Monate.

Pro 20 ml: 36 kcal / 4 g KH / 0 g EW / 0 g Fett

Schoko-Nuss-TRÜFFEL

Zutaten

200 g Zartbitterschokolade, 70%
100 g Zartbitterschokolade, 50%
120 g Sahne
2 TL lösliches Espressopulver
60 g Zucker
etwas Rumaroma
70 g Butter
150 g Haselnusskerne
etwas Kakaopulver zum Bestäuben

80 Stück

Zubereitung

Schokolade in Stücken in den Mixtopf geben und **5 Sek./Stufe 7** hacken. Restliche Zutaten (außer Nüsse) zugeben und **7 Sek./Stufe 5** vermengen. Nun **6 Min./80°C/Stufe 2** schmelzen. Nüsse zugeben und mit dem Spatel vermengen. Eine kleine Backform (27 x 26 cm) mit Frischhaltefolie auslegen und Schokomasse einfüllen.

Über Nacht in den Kühlschrank stellen. Mit Kakaopulver bestäuben und in kleine Würfel schneiden. Im Kühlschrank lagern!

Pro Stück: 48 kcal / 2 g KH / 1 g EW / 4 g Fett

VORSPEISEN *und* SUPPEN

Ein stressfreies Weihnachtsmenü setzt eine gute Planung voraus.

TIPPS FÜR EIN GELUNGENES MENÜ:

Beginnen Sie rechtzeitig mit der Auswahl der Speisen, am besten schon eine Woche vor dem Fest. Schreiben Sie eine große Einkaufsliste mit allen Zutaten. Markieren Sie mit einem Textmarker die Lebensmittel, die Sie schon auf Vorrat 4-5 Tage vorher kaufen können, z.B. Konserven, TK-Lebensmittel, Kartoffeln, Nüsse usw.

Nachdem Sie diese Zutaten gekauft haben, streichen Sie diese von der Liste. Die Liste wird Ihr Begleiter für eine Woche sein! Frische Zutaten, wie Salat, Fisch, Fleisch, besorgen Sie erst kurz vorher.

Beginnen Sie bereits einen Tag vorher mit dem Zubereiten, z.B. Aufstriche, die Sie zum Aperitiv servieren, Suppen (werden am Festtag nur aufgewärmt), ggf. Desserts (die Cremes davon) usw. Auch einen Teil der Schneidearbeit können Sie schon am Vortag erledigen.

Am Tag des Dinners sollten Sie frühzeitig beginnen, alles parat zu legen. Auch das Abwiegen von Zutaten kann schon im Vorfeld erledigt werden. Stellen Sie Gläser bereit, Getränke kalt, decken Sie den Tisch ein usw. Je mehr Sie vorher schon erledigt haben, umso stressfreier wird der Dinnerabend!

8
Port.
Tipp: Perfekt als Starter zum Aperitiv. Aufstriche mit Brot und Grissini bereits auf den Tisch stellen bevor die Gäste kommen.

KÜRBISKERN-
Aufstrich

Zutaten

1 kl.	Knoblauchzehe
20 g	Kürbiskerne
200 g	Doppelrahm-frischkäse
2 EL	Kürbiskernöl
etwas	Salz & Pfeffer

Zubereitung

Knoblauchzehe und Kürbiskerne im Mixtopf **5 Sek./Stufe 6** hacken. Frischkäse, Kürbiskernöl und etwas Salz und Pfeffer zugeben und **20 Sek./Stufe 3** cremig rühren.

Pro Portion: 113 kcal / 1 g KH / 2 g EW / 11 g Fett

MARONEN-
Aufstrich

Zutaten

100 g	Maronen, gekocht
200 g	Doppelrahm-frischkäse
1 EL	Olivenöl
1 EL	Milch
1 TL	Honig
1 TL	Curry, gem.
etwas	Salz & Pfeffer

Zubereitung

Maronen im Mixtopf **5 Sek./Stufe 6** hacken. Restliche Zutaten zugeben und **20 Sek./Stufe 3** cremig rühren.

Pro Portion: 105 kcal / 6 g KH / 2 g EW / 8 g Fett

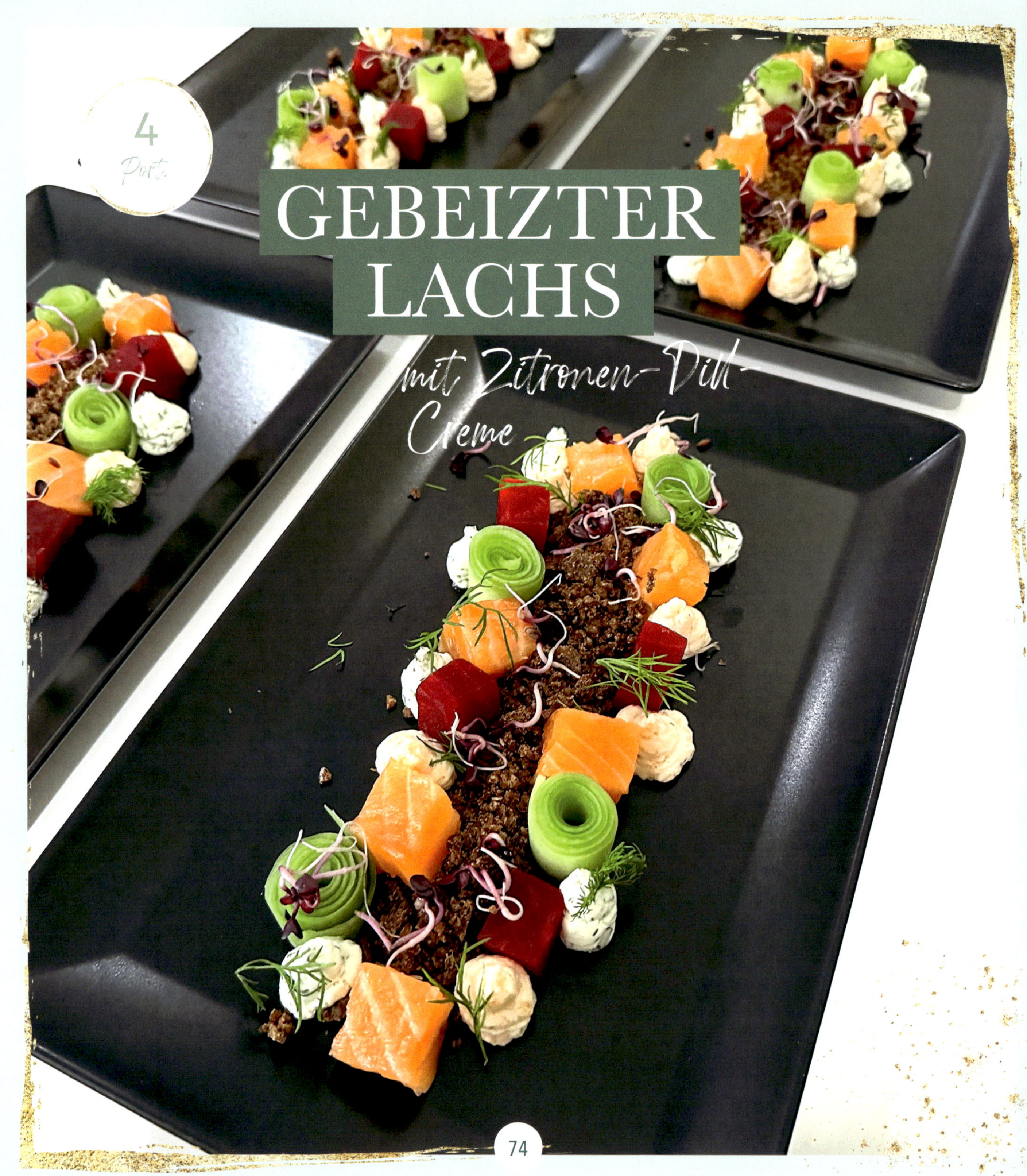

4 Port.

GEBEIZTER LACHS

mit Zitronen-Dill-Creme

Für die Zitronen-Dill-Creme

1 Handvoll Dill
100 g Doppelrahmfrischkäse
1 TL Zitronenschalenabrieb
1 TL Zitronensaft
etwas Salz

Für die Lachscreme

80 g geräucherter oder gebeizter Lachs
100 g Doppelrahmfrischkäse
etwas Pfeffer, frisch gem.
1 TL Zitronensaft

Außerdem

2 Scheiben Pumpernickel
1 Salatgurke
2 Rote Beete, gegart
1 EL Balsamicoessig, hell
etwas Salz
400 g gebeizter Lachs o. Graved Lachs
½ Limette
etwas Dill
ein paar Rettich-Sprossen

Pro Portion:
391 kcal / 13 g KH
34 g EW / 22 g Fett

Zubereitung

Für die Zitronen-Dill-Creme Dill im Mixtopf **5 Sek./Stufe 5** zerkleinern. Mit dem Spatel nach unten schieben. Restliche Zutaten zugeben und **15 Sek./Stufe 3** cremig rühren. Creme in einen Einweg-Spritzbeutel füllen.

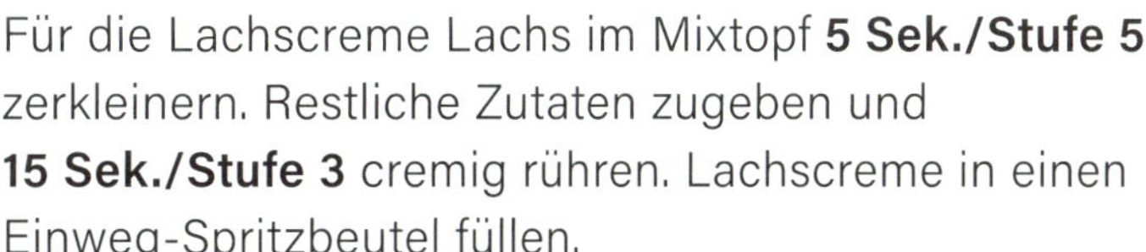

Für die Lachscreme Lachs im Mixtopf **5 Sek./Stufe 5** zerkleinern. Restliche Zutaten zugeben und **15 Sek./Stufe 3** cremig rühren. Lachscreme in einen Einweg-Spritzbeutel füllen.

Pumpernickelscheiben mit den Händen fein zerbröseln und in eine Schüssel füllen. Beiseitestellen. Gurke schälen. Mit einem Sparschäler feine, lange Streifen abziehen und diese aufrollen. Es werden 16 Röllchen benötigt. Zum Aufbewahren dicht nebeneinander in eine Schüssel stellen. Rote Beete in 16 gleich große Würfel schneiden. In eine Schüssel geben und mit Balsamico und etwas Salz marinieren. Gebeizten Lachs in 24 Würfel schneiden. Wenn Sie graved Lachs oder geräucherten Lachs verwenden, die Scheiben aufrollen. Alles bis zum Anrichten in den Kühlschrank stellen.

Zum Anrichten Pumpernickel-Brösel mittig auf die Teller streuen. Rote Beete-Würfel, Gurkenröllchen und Lachs im Wechsel neben die Pumpernickel-"Straße" setzen. Beide Cremes tupfenartig zwischen Fisch und Gemüse spritzen. Zum Schluss die Gurke und den Lachs mit Limettensaft beträufeln. Mit Dill und Sprossen verzieren und servieren.

Tipp: Dazu passt sehr gut Feigenmarmelade sowie frisches Baguette.

ZIEGENKÄSE

Zutaten

1 Handvoll Dill
200 g Ziegenkäse-Rolle
75 g Doppelrahmfrischkäse
1 Eigelb
etwas Salz & Pfeffer
30-40 g Filoteig
50 g Walnusskerne
80 g Feldsalat
1 EL Öl
2 EL Balsamicoessig, dunkel
250 g blaue Trauben (altern. frische Feigen)
6 TL Honig
etwas Balsamicocreme

Zubereitung

Backofen auf 200°C Ober-/Unterhitze vorheizen. Dill in den Mixtopf geben und **5 Sek./Stufe 6** hacken. 100 g Ziegenkäse, Frischkäse, Eigelb, etwas Salz und Pfeffer zugeben und **15 Sek./Stufe 3** verrühren.

Filoteig in 7 x 7 cm große Quadrate schneiden, am besten mit einer Schere. Man benötigt pro Portion 4 Quadrate. Diese übereinanderlegen und in eine kleine runde Form (oder die Mulde eines Muffinblechs) legen. Creme aus dem Thermomix (ca. 1 EL) auf den Teig geben und mit etwas Ziegenkäse belegen (s. Bild). Walnusskerne grob hacken und darüber streuen. Für 15 Min. in den vorgeheizten Backofen geben.

Währenddessen Feldsalat mit Öl, Balsamicoessig und etwas Salz marinieren und auf den Tellern verteilen. Trauben halbieren und dazu geben. Nach dem Backen den Ziegenkäse ca. 5 Min. abkühlen lassen und dann je 1 TL Honig darauf geben. Auf den Tellern platzieren. Etwas Balsamicocreme auf den Teller und über den Feldsalat geben und mit etwas Dill und gehackten Walnüssen dekorieren.

Pro Portion: 288 kcal / 19 g KH / 9 g EW / 20 g Fett

6
Port.

BLINIS MIT LACHS

und Apfel-Gurken-Salat

Für die Blinis

2	Eier
50 g	Milch
100 g	Mehl
1 TL	Backpulver

Für die Creme

1 Handvoll Dill

200 g	Doppelrahm-frischkäse
50 g	Naturjoghurt, 3,8%
2 TL	Zitronensaft
1 TL	Agavendicksaft
etwas	Salz & Pfeffer

Für den Salat

½	Gurke
1 kl.	Apfel
1 EL	Öl
2 TL	Zitronensaft
etwas	Salz
etwas	Haselnusskerne, geröstet, gehackt

200 g	Räucherlachs
etwas	Dill

Zubereitung

Für die Blinis alle Zutaten im Mixtopf **10 Sek./Stufe 4** mixen. Mehlreste mit dem Spatel nach unten schieben und nochmal **5 Sek./Stufe 3.5** rühren. Umfüllen und Teig 20-30 Min. quellen lassen. Mixtopf spülen.

Für die Creme Dill im Mixtopf **5 Sek./Stufe 7** hacken. Restliche Zutaten für die Creme zugeben und **10 Sek./Stufe 4** vermengen.

Für den Salat Gurke und Apfel in feine Scheiben hobeln und dann in Streifen schneiden. In eine Schüssel geben. Mit Öl, Zitronensaft und etwas Salz vermengen.

Aus dem Teig in einer beschichteten Pfanne mit etwas Öl 6 Blinis backen. Hierzu 1 EL Teig in die Pfanne geben und mit einem Esslöffel rund ausstreichen. Sobald der Teig Blasen bildet, Blini wenden und von der anderen Seite backen. Abkühlen lassen.

Zum Anrichten Blini und Salat auf einen Teller geben. 1 EL der Creme auf den Blini geben und mit Lachs belegen. Etwas Dill darüber streuen. Salat mit gehackten Haselnusskernen bestreuen und servieren.

Pro Portion: 284 kcal / 17 g KH / 13 g EW / 18 g Fett

6
Port.

WEIHNACHTS-SALAT

mit Mandarinen & Kürbis

Zutaten

150-200 g Kürbis (z.B. Hokkaido)
½ Kopf Friséesalat
½ Kopf Radicchio
1 Mandarine
1 kl. rote Beete, gegart
50 g Pekannusskerne
½ Granatapfel, Kerne davon
170 g Fetakäse

Für das Dressing

2 EL Olivenöl
3 EL Weißweinessig
1 geh. TL süßer Senf
1 Mandarine, Saft davon*
etwas Salz & Pfeffer

*Diese wie eine Zitrone halbieren und auspressen.

Pro Portion:
219 kcal / 9 g KH / 7 g EW / 16 g Fett

Zubereitung

Kürbis in kleine Würfel schneiden und in den Gareinsatz geben. 500 g Wasser in den Mixtopf einfüllen, Gareinsatz einsetzen und Kürbis **16-18 Min./Varoma/Stufe 1** garen. Danach abkühlen lassen.

Friséesalat und Radicchio putzen, klein schneiden und in eine Schüssel geben. Mandarine und rote Beete klein schneiden und mit Pekannusskernen und Granatapfelkernen über den Salat geben. Fetakäse mit den Händen darüber bröseln. Kürbis zugeben.

Für das Dressing alle Zutaten verrühren und über den Salat geben.

Tipp: Der Salat kann gut vorbereitet werden. Dressing aber erst vor dem Servieren zugeben.

4
Port.

ROTE BEETE CARPACCIO

Zutaten

1 große reife Avocado

30 g	Olivenöl
½	Limette, Saft davon
etwas	Salz & Pfeffer
1	rote Beete, gegart

1 gr. Handvoll Wintersalat, gemischt

etwas	Dill

Für das Nuss-Dressing

30 g	Haselnusskerne
20 g	Pekannusskerne
50 g	Olivenöl
½	Limette, Saft davon
1 EL	Balsamicoessig
1 TL	Honig
etwas	Salz & Pfeffer

Pro Portion:

416 kcal / 8 g KH

3 g EW / 35 g Fett

Zubereitung

Avocado-Fruchtfleisch in den Mixtopf geben und **5 Sek./Stufe 5** zerkleinern. Mit dem Spatel nach unten schieben. Olivenöl, Limettensaft und etwas Salz und Pfeffer zugeben und **1 Min./Stufe 3** cremig rühren.

Avocadocreme auf einem großen Servierteller glatt streichen. Rote Beete sehr fein hobeln und auf der Avocadocreme platzieren. Salat und Dill darauf verteilen.

Für das Dressing Nüsse mit einem Messer grob hacken und in einer Pfanne ohne Öl anrösten. Restliche Zutaten mit in die Pfanne geben, vermengen und kurz abkühlen lassen. Dressing über den Salat geben und servieren.

Tipp: Das Dressing kann auch für Blattsalat verwendet werden.

Tipp: Dazu servieren Sie Baguette oder Weißbrot.

BURRATA

mit Haselnusspesto und Chicoréesalat

Zutaten

2-3 rote Chicorée
1 Mandarine
200 g Burrata
2 EL Olivenöl
3 EL Balsamicoessig, hell
etwas Salz & Pfeffer
1 EL Pistazienkerne, gehackt
1 EL Haselnusskerne, gehackt

Für das Pesto

1 gr. Handvoll Basilikum
30 g Parmesan
40 g Haselnusskerne
50 g Olivenöl
1 EL Balsamicoessig, hell
1 TL Zitronensaft

Pro Portion:
485 kcal / 11 g KH
15 g EW / 41 g Fett

Zubereitung

Chicorée in einzelne Blätter teilen und auf einem großen Teller oder einer Servierplatte anrichten. In der Mitte Platz für die Burrata freilassen. Mandarine schälen und die Filets halbieren. Auf den Salatblättern verteilen. Burrata in die Mitte setzen.

Für das Pesto Basilikumblätter, Parmesan in Stücken und Haselnüsse in den Mixtopf geben und **10 Sek./Stufe 8** zerkleinern. Nun 1 EL der Masse über die Salatblätter geben. Restliche Zutaten für das Pesto zugeben und **10 Sek./Stufe 3.5** mixen. Burrata aufschneiden und Pesto darauf geben. Ein paar Kleckse Pesto auch über den Salat träufeln.

Mixtopf NICHT spülen, sondern 2 EL Olivenöl und 3 EL Balsamicoessig in den Mixtopf geben und **5 Sek./Stufe 3** mixen. Diese Vinaigrette nun über den Salatblättern verteilen. Alles mit Salz und Pfeffer würzen. Zum Schluss alles mit gehackten Pistazien und Haselnusskernen bestreuen und mit einem Basilikumblatt garnieren.

Vegetarische Vorspeise

4 Port.

Hinweis:
Am Vortag beginnen.

Feines TOMATENTATAR

Zutaten

1 kg	Roma-Tomaten
2 EL	Öl
etwas	Salz
2	Schalotten
1 gr. Handvoll	Koriander
60 g	Weißweinessig
1 gr. Handvoll	Basilikum
60 g	Olivenöl
etwas	Parmesan
etwas	Balsamicocreme

Pro Portion:
279 kcal / 12 g KH
5 g EW / 23 g Fett

Zubereitung

Von den Tomaten den Strunk herausschneiden und in eine Auflaufform stellen. Mit 2 EL Öl bepinseln und etwas salzen. Bei 200°C Umluft ca. 45 Min. in den Backofen geben. Danach vollständig abkühlen lassen. Die Haut abziehen und die Tomaten über Nacht in den Kühlschrank stellen.

Am nächsten Tag: Schalotten und Koriander in den Mixtopf geben und **5 Sek./Stufe 6** hacken. Weißweinessig zugeben und **3 Sek./Stufe 3** mischen. In eine kleine Tasse umfüllen und bis zum Servieren in den Kühlschrank stellen. Basilikum und Öl im Mixtopf **20 Sek./Stufe 8** mixen.

Zum Anrichten: Tomaten aus dem Saft nehmen und würfeln. Schalotten und Koriander absieben und unter die Tomatenwürfel mischen. Essig wird nicht verwendet. Tomatentatar nun mithilfe eines Servierrings auf 4-6 Teller platzieren. Basilikumöl durch ein feines Haarsieb geben und ringsherum um das Tatar tropfen. Parmesan auf das Tatar reiben und zum Schluss etwas Balsamicocreme ringsherum tropfen. Dazu servieren Sie Baguettescheiben.

4
Port.

ZITRONEN PANNA COTTA

mit Garnelen

Für die Panna Cotta

5 Blatt Gelatine
250 g Sahne
150 g Crème fraîche
1 EL Zitronensaft
etwas Salz & Pfeffer
½ TL Thymian

Außerdem

½ rote Zwiebel
1 kl. rote Paprika
1 kl. gelbe Paprika
1 TL Estragon
½ TL Salz
½ TL Zucker
12 Riesengarnelen
1 EL Olivenöl
1 EL Estragonessig (altern. Kräuteressig)
etwas Zitronensaft

Zubereitung

Gelatine nach Packungsanweisung einweichen. Danach ausdrücken und in den Mixtopf geben. 100 g Sahne zugeben und **3 Min./70°C/Stufe 2** erwärmen. Restliche Zutaten für die Panna Cotta zugeben und **20 Sek./Stufe 3** mixen.

In 4 Förmchen (Füllmenge 150 ml) füllen und mind. 4-5 Std. (gerne über Nacht) im Kühlschrank durchkühlen lassen.

Zwiebel und beide Paprika sehr fein würfeln und mit Estragon, Salz und Zucker mischen. Ebenso im Kühlschrank durchziehen lassen.

Zum Anrichten die Garnelen in einer Pfanne mit Öl anbraten, mit Salz & Pfeffer würzen.
Panna Cotta auf den Teller stürzen. Zwiebel-Paprika-Gemisch aus dem Kühlschrank nehmen, absieben und mit Olivenöl und Estragonessig mischen. Neben der Panna Cotta platzieren und mit je 3 Garnelen anrichten. Mit etwas Zitronensaft beträufeln und servieren.

Pro Portion: 428 kcal / 9 g KH / 18 g EW / 35 g Fett

LACHS-CARPACCIO

mit Orangen

Zutaten

250 g	geräucherter Lachs
½	rote Zwiebel
1 EL	Kapern
etwas	Dill
2	Orangen
1 TL	süßer Senf
1 EL	Öl
etwas	Meersalzflocken
etwas	Pfeffer, frisch gem.

4 Port.

Zubereitung

Lachs auf einer Platte oder einem großen Teller auffächern. Zwiebel in feine Ringe hobeln. Zusammen mit Kapern und Dill auf dem Lachs verteilen. Eine Orange filetieren und auf dem Lachs platzieren. Für das Dressing den Saft einer halben Orange mit Senf und Öl verrühren. Über das Carpaccio geben und mit Salz und Pfeffer bestreut servieren.

Tipp: Kann man auch gut vorbereiten und im Kühlschrank aufbewahren. Dazu servieren Sie Baguette.

Pro Portion: 201 kcal / 10 g KH / 15 g EW / 10 g Fett

LACHSTATAR

mit Gin-Creme

4 Port.

Zutaten

250 g geräucherter Lachs
etwas Salz & Pfeffer
1 TL Gin
2 TL Limettensaft
1 TL Olivenöl
150 g Crème fraîche
1 TL Wasabi
1 TL Sahnemeerrettich
etwas Granatapfelkerne
etwas Dill

Zubereitung

Lachs ganz fein hacken. Mit Salz, Pfeffer, Gin, 1 TL Limettensaft und Olivenöl mischen. Mithilfe eines Servierrings auf 4 Tellern platzieren. Crème fraîche, Wasabi, Sahnemeerrettich, etwas Salz & Pfeffer und 1 TL Limettensaft vermengen und darauf geben. Mit Dill und Granatapfelkernen garnieren.

Pro Portion:
253 kcal / 3 g KH / 15 g EW / 20 g Fett

Tipp: Kann auch im Glas angerichtet werden. Hierzu dann den Lachs auf die Creme geben.

Winterlicher BEILAGEN-SALAT

4 Port.

als kleiner Beilagensalat

Zutaten

100 g	Feldsalat
½	Apfel
3	Champignons
2 EL	Walnusskerne, gehackt
1 geh. EL	Butter
etwas	Salz & Pfeffer

Für das Dressing

1 EL	Öl
1 EL	Orangensaft
1 EL	Apfelessig
1 TL	Honig
1 TL	süßer Senf
etwas	Salz & Pfeffer

Zubereitung

Feldsalat putzen, waschen, trocken schleudern und in eine Schüssel geben. Apfel und Champignons fein hobeln. Apfelscheiben und gehackte Walnusskerne zum Salat geben. Butter in einer Pfanne erhitzen und Champignonscheiben darin kurz andünsten. Mit Salz & Pfeffer würzen.

Zutaten für das Dressing vermischen und mit den Champignonscheiben unter den Salat geben. Vorsichtig vermengen und in 4 Schälchen aufteilen.

Pro Portion: 127 kcal / 5 g KH / 2 g EW / 11 g Fett

CHICORÉESALAT
mit Äpfeln

4 Port. als kleiner Beilagensalat

Zutaten

3	Chicorée
1 kl.	Apfel
etwas	frischer Dill, gehackt
125 g	Naturjoghurt, 3,5%
1 TL	Senf, mittelscharf
1 EL	Apfelessig
1 EL	Olivenöl
1 EL	Zitronensaft
etwas	Salz & Pfeffer

Zubereitung

Chicorée und Apfel in Scheiben schneiden und mit gehacktem Dill in eine Schüssel geben. Joghurt, Senf, Essig, Öl und Zitronensaft vermengen. Über den Salat geben. Mit Salz & Pfeffer würzen und gut vermengen.

Pro Portion:
90 kcal / 8 g KH / 3 g EW / 5 g Fett

8
Port.
Tipp: Passt super zu Raclette oder Fondue oder einfach als Beilage zu Dips, Aufstrichen oder Vorspeisen.

Pull Apart XMAS-TREE

Für den Teig

½ Würfel frische Hefe
150 g Wasser, lauwarm
150 g Milch, 1,5%
1 TL Zucker
500 g Weizenmehl, Type 405
1 TL Salz

Zum Bestreichen

1 Knoblauchzehe
50 g Butter
1 EL Olivenöl
etwas Salz
1 TL ital. Kräuter, getr.
etwas geriebener Parmesan

Zum Verzieren:
Granatapfelkerne und Rosmarinspitzen

Pro Portion:
308 kcal / 47 g KH
9 g EW / 9 g Fett

Zubereitung

Für den Teig Hefe, Wasser, Milch und Zucker in den Mixtopf geben und **2 Min./37°C/Stufe 2** erwärmen. Mehl und Salz zugeben und **3 Min./Teigstufe** kneten. Teig aus dem Mixtopf nehmen und in eine leicht bemehlte Schüssel geben. Abgedeckt ca. 30-40 Min. gehen lassen.

Backofen auf 200°C Umluft vorheizen. Teig in 23 Portionen teilen (ca. 35-38 g) und zu kleinen Kugeln formen. Nebeneinander auf ein mit Backpapier belegtes Backblech in Form eines Weihnachtsbaums legen (s. Bild). Mixtopf spülen.

Knoblauch im Mixtopf **5 Sek./Stufe 6** hacken. Butter, Öl, Salz und ital. Kräuter zugeben und **3 Min./70°C/Stufe 2** schmelzen. Die Kugeln mit der Buttermischung dick bepinseln und für 10 Min. in den Backofen geben.

Nun Parmesan über den Weihnachtsbaum streuen und weitere 5-7 Min. backen. Aus dem Ofen nehmen und mit Granatapfelkernen und Rosmarin verzieren.

8 Port.

Tipp: Servieren Sie den Lachs schön angerichtet auf einer Platte mit frischem Dill und Baguette.

Hinweis: Am Vortag beginnen.

GEBEIZTER LACHS

mit zweierlei Saucen

Zutaten

1 gr.	Lachsfilet (ca. 1,5 kg)
250 g	grobes Meersalz
250 g	Zucker
1	Zitrone, Schalenabrieb
1	Orange, Schalenabrieb
8	Wacholderbeeren
8	Pfefferkörner

Für die Honig-Senf-Sauce

2 EL	Honig
3 EL	Senf
1 EL	Dill, gehackt

Für die Wasabicreme

200 g	Saure Sahne
50 g	Frischkäse
1 EL	Leinöl
1 TL	Wasabipaste
1 Msp.	Vanillemark
etwas	Chilisalz

Pro Portion: 504 kcal / 32 g KH
38 g EW / 24 g Fett

Zubereitung

Lachsfilet waschen und trocken tupfen. Salz, Zucker und Schalenabriebe in einer Schale vermischen. Wacholderbeeren und Pfefferkörner in einem Mörser mahlen, unter die Zucker-Salz-Mischung geben. Lachsfilet mittig halbieren, damit man zwei gleich große Hälften erhält. Ein großes Stück Frischhaltefolie auf der Arbeitsfläche ausbreiten und das erste Lachsstück mit der Hautseite darauf legen. Salz-Zucker-Mischung darauf geben und zweite Hälfte des Lachs mit der Fleischseite darauf legen. Das Ganze komplett in Frischhaltefolie einwickeln und in eine Auflaufform legen (es tritt Flüssigkeit aus). Ein Schneidebrett auf den Lachs legen und mit einem schweren Gegenstand beschweren. Lachs für 24 Std. im Kühlschrank beizen. Nach der Hälfte der Zeit Lachs wenden und von der anderen Seite beschweren.

Zum Servieren Lachs aus der Folie nehmen und unter fließendem Wasser waschen. Trocken tupfen und in feine Scheiben schneiden.

Für die Honig-Senf-Sauce alle Zutaten gut verrühren. Für die Wasabicreme auch alle Zutaten gut verrühren und zum Lachs servieren.

4
Pers.

GARNELEN-COCKTAIL

Zutaten

½ kl. Ananas
1 Avocado
250 g Garnelen, gegart, küchenfertig

Für das Dressing

70 g Salatmayonnaise
70 g Schmand
1 TL Srirachasauce
½ Limette, Saft davon
etwas gehackte Petersilie
etwas Chiliflocken
etwas Salz & Pfeffer

Zubereitung

Ananas und Avocado klein würfeln und mit den Garnelen in eine Schüssel geben. Dressingzutaten vermengen und über den Garnelencocktail geben. Gut vermengen und etwas durchziehen lassen.

Den Garnelencocktail in 4 Gläser füllen und ggf. noch mit Salatblättern und einer Limettenscheibe garnieren.

Tipp: Kann auch schon mehrere Stunden zuvor zubereitet werden und bis zum Servieren im Kühlschrank aufbewahrt werden.

Pro Portion:
361 kcal / 16 g KH / 11 g EW / 22 g Fett

Tipp:

Als Vorspeise in Gläser füllen und mit Petersilienöl beträufeln. Als weiteres Topping können Sie halbierte Cocktailtomaten im Ofen rösten und in die Suppe geben.

Petersilienöl pro 25 ml:
110 kcal / 1 g KH / 1 g EW / 12 g Fett

Weiße TOMATENSUPPE

Für die Suppe

1 kg aromatische Tomaten
3-4 Schalotten
40 g Olivenöl
1 TL Salz
¼ TL Pfeffer, gem.

1 Knoblauchzehe
2 Schalotten
20 g Butter
600 g abgetropfter Tomatensaft
150 g Sahne
50 g Weißwein
etas Salz & Pfeffer zum Abschmecken

Für das Petersilienöl

100 g glatte Petersilie
100 g krause Petersilie
200 g Walnussöl
1 TL Fleur de Sel

Pro Portion:
269 kcal / 9 g KH
4 g EW / 25 g Fett

Zubereitung

Tomaten vierteln und den Strunk entfernen. Tomatenstücke, geschälte Schalotten, Öl, Salz und Pfeffer in den Mixtopf geben und **20 Sek./Stufe 9** pürieren. Ein großes Sieb mit einem sauberen, feuchten Geschirrtuch auslegen, in eine Schüssel stellen und Tomatenmasse einfüllen. Nun können die Tomaten abtropfen und geben Flüssigkeit in die Schüssel ab, die dann für die Suppe benötigt wird.

Knoblauch und Schalotten im Mixtopf **5 Sek./Stufe 5** zerkleinern. Mit dem Spatel nach unten schieben. Butter zugeben und **2 Min./Varoma/Stufe 1** dünsten. Abgetropften Tomatensaft und restliche Zutaten zugeben und **5 Min./80°C/Stufe 2** erhitzen. Im Anschluss **30 Sek./Stufe 9** pürieren.

Für das Petersilienöl Petersilie im Mixtopf **3 Sek./Stufe 7** zerkleinern. Mit dem Spatel nach unten schieben. Öl und Fleur de Sel zugeben und **3 Min./80°C/Stufe 2** erwärmen. Öl durch ein Haarsieb streichen und in ein kleines Schraubglas abfüllen. Vor der Entnahme immer kurz durchschütteln. Kühl und dunkel lagern.

Suppe mit Petersilienöl beträufelt servieren.

Tipp:
Aus getoastetem Toastbrot Sterne ausstechen.

SÜSSKARTOFFEL-SUPPE

mit Kokosmilch

Zutaten

1 Knoblauchzehe
5 g Ingwer
2 Schalotten
50 g Stangensellerie
1 EL Öl
400-430 g Süßkartoffeln
100 g Karotten
500 g Wasser
3 TL Gemüsebrühpulver
etwas Salz & Pfeffer
¼ TL Muskat, gem.
1 gestr. TL Curry, gem.
100 g Kokosmilch, cremig

Zum Garnieren

4 TL Crème fraîche
etwas Chiliflocken
ggf. frische Chili in Scheiben

Pro Portion:
199 kcal / 26 g KH / 3 g EW / 9 g Fett

Zubereitung

Knoblauch, Ingwer, Schalotten und Stangensellerie im Mixtopf **5 Sek./Stufe 6** zerkleinern. Mit dem Spatel nach unten schieben. Öl zugeben und **2 Min./Varoma/Stufe 1** dünsten.

Süßkartoffeln und Karotten in Stücken zugeben und **6 Sek./Stufe 6** zerkleinern. Wasser, Gemüsebrühpulver und Gewürze zugeben und **20 Min./100°C/Stufe 1** garen.

Nun Kokosmilch zugeben und **20 Sek./Stufe 9.5** pürieren. Mit Salz und Pfeffer nochmal abschmecken. Zum Garnieren ein paar Chiliflocken und Crème fraîche darüber geben.

Tipp: Suppen können schon im Voraus zubereitet werden und **10 Min./80°C/Stufe 2** erwärmt werden.

8
Port.

KARTOFFELSUPPE

Zutaten

1 Zwiebel, halbiert
2 EL Butter
½ Kopf Blumenkohl
600 g Kartoffeln
600 g Wasser
1 EL Gemüsebrühpulver
1 TL Salz
150 g Sahne
¼ TL Muskat, gem.
¼ TL Pfeffer, gem.
1 Spritzer Zitronensaft
ca. 50 g Parmesan, frisch gerieben
etwas rote Kresse

Zubereitung

Zwiebel in den Mixtopf geben und **5 Sek./Stufe 5** zerkleinern. Mit dem Spatel nach unten schieben. 1 EL Butter zugeben und **3 Min./100°C/Stufe 1** dünsten.

Vom Blumenkohl 8 dünne Scheiben abschneiden und beiseitelegen. 200 g Röschen in den Mixtopf geben und **5 Sek./Stufe 5** zerkleinern. Kartoffeln in Stücken zugeben und auch **5 Sek./Stufe 5** zerkleinern. Wasser, Gemüsebrühpulver und Salz zugeben und **25 Min./100°C/Stufe 1** kochen.

In der Zwischenzeit 1 EL Butter in einer Pfanne erhitzen und Blumenkohlscheiben darin anbraten.

Nach Garzeitende Sahne, Muskat, Pfeffer und Zitronensaft zur Suppe geben und **30 Sek./Stufe 9** pürieren.

Suppe mit gebratenem Blumenkohl, Parmesan und Kresse garniert servieren.

Pro Portion:
181 kcal / 14 g KH / 5 g EW / 11 g Fett

Tipp: Anstelle von Butternutkürbis kann man auch Hokkaido verwenden. Dieser muss nicht geschält werden.

PIKANTE KÜRBISSUPPE

mit Amarettosahne & Zimt-Croûtons

Für die Suppe

75 g rote Zwiebel
1 Knoblauchzehe
½ Chilischote
500 g Butternutkürbis, ohne Schale
75 g Milch
80 g Orangensaft
400 g Wasser
1 EL Gemüsebrühpulver
1 TL Currypulver
½ TL Salz
3 Msp. Muskat, gem.
¼ TL Pfeffer, gem.

Außerdem

200 g Sahne
1 EL Amaretto*
4 Scheiben Toast
1 EL Butter
1 TL Zimt, gem.
1 Prise Salz
½ Granatapfel, Kerne davon

*alternativ etwas Bittermandelaroma

Zubereitung

Zuerst Sahne steif schlagen. Hierzu **Rühraufsatz** in den Mixtopf **einsetzen** und Sahne hineingeben. Auf **Stufe 3-4** unter Sichtkontakt steif schlagen. Amaretto zugeben und nochmal kurz auf **Stufe 3** unterrühren. Umfüllen, in den Kühlschrank stellen und Mixtopf spülen.

Zwiebel, Knoblauch und Chilischote in den Mixtopf geben und **5 Sek./Stufe 5** zerkleinern. Kürbis in Stücken zugeben und erneut **5 Sek./Stufe 5** zerkleinern. Restliche Zutaten für die Suppe zugeben und **20 Min./100°C/Stufe 1** kochen.

In der Zwischenzeit vom Toast die Rinde abschneiden und das Brot in Würfel schneiden. Butter in der Pfanne erhitzen und die Würfel darin anbraten. Zum Schluss mit Zimt und etwas Salz würzen.

Suppe im Anschluss **30 Sek./Stufe 9.5** pürieren. Suppe auf 6 Gläser aufteilen, mit geschlagener Sahne, Croûtons und Granatapfelkernen servieren.

Pro Portion: 235 kcal / 22 g KH / 4 g EW / 13 g Fett

HAUPTGERICHTE

Fleisch, Fisch, vegetarisch

Diese Rezepte sind garantiert ein Höhepunkt bei Ihrem Weihnachtsdinner! Egal ob mit Fleisch, Fisch oder vegetarisch - es ist für jeden Geschmack etwas dabei. Auch bei diesen Rezepten ist die Planung vorab entscheidend. Fleisch und Fisch bestellen Sie am besten bei Ihrem Metzger oder Ihrem Fischhändler vor. Notieren Sie sich, was Sie vorbereiten können, während z.B. der Braten im Ofen fertig gart.

Saucen & Beilagen

In diesem Kapitel finden Sie auch Saucen und Beilagen, die Sie kombinieren können.

4
Port.

RINDERFILET

Perfekt aus der Pfanne

Rinderfilet medium zu braten, ist gar nicht so schwer.
Man muss einfach ein paar Dinge beachten. Und so geht´s:

Zutaten

4	Rinderfilets, 3 cm dicke Scheiben*
etwas	Bratöl
40 g	Butter
etwas	Rosmarin
2	Knoblauchzehen

*je Filet ca. 180-200 g

Zubereitung

Das Fleisch ca. 30 Min. vor dem Braten aus dem Kühlschrank nehmen. Nicht würzen!
Dann eine Pfanne erhitzen (ohne Öl!). Das Filet auf einer Seite mit Öl bepinseln und mit dieser Seite in die sehr heiße Pfanne legen. Nun 3 Min. braten, dabei nicht wenden. Am besten einen Timer stellen!

Danach die 2. Seite mit Öl bepinseln und mit einem Pfannenwender (keine Gabel, da sonst der Bratensaft herausläuft) wenden. Erneut 3 Min. braten. Nach 1 Min. etwas Butter und Rosmarin zugeben und schmelzen lassen. Mit einem Löffel etwas über das Fleisch träufeln. Wenn die 3 Min. vorbei sind, Fleisch herausnehmen, mit Alufolie abdecken und 1-2 Min. ziehen lassen. Jetzt halbieren, würzen und servieren.

Pro Portion:
315 kcal / 0 g KH / 0 g EW / 17 g Fett

VARIANTE VOM RINDERFILET

mit Lebkuchen-Nuss-Topping

Lebkuchen-Nuss-Topping

30 g Toast, ohne Rinde
2 EL Butter
30 g Macadamianusskerne
30 g Parmesan
etwas Rosmarin, gehackt
etwas Thymian, gehackt
½ TL Lebkuchengewürz

Zubereitung

Für das Topping Toastbrot in kleine Würfel schneiden und in einer Pfanne mit Butter anbraten. Macadamianusskerne grob hacken, zugeben und mit rösten. Restliche Zutaten zugeben, alles in der Pfanne vermengen und auf den gebratenen Steaks platzieren.

Pro Portion: 464 kcal / 5 g KH / 43 g EW / 30 g Fett

Beilagen-Tipp:

Karotten im Varoma garen

500 g lauwarmes Wasser in den Mixtopf füllen und Karotten im Varoma **15-17 Min./Varoma/Stufe 1** garen.

Kartoffelkuchen

siehe Seite 146

Rotwein-Bratensauce

siehe Seite 144

6
Port.

Tipp: Hierzu passt sehr gut die Gorgonzolasoße von Seite 120.

GEMÜSELASAGNE

mit Kürbis & Pilzen

Zutaten

600 g	Kürbis, z.B. Hokkaido
400 g	Champignons
50 g	Olivenöl
1 TL	Paprikapulver, edelsüß
1 TL	Salz
1 TL	Kerbel, getr.
1 TL	Oregano, getr.
½ Stange Lauch	
50 g	Rotkohl
250 g	Lasagneplatten
125 g	Mozzarella

Für die Sauce

1	Knoblauchzehe
1 kl.	Zwiebel
35 g	Butter
40 g	Mehl
300 g	Milch
300 g	Wasser
50 g	Sahne
2 TL	Gemüsebrühpulver
1 TL	Salz
½ TL	Pfeffer, gem.
¼ TL	Muskat, gem.
50 g	Parmesan, gerieben

Pro Portion:

486 kcal / 46 g KH
15 g EW / 21 g Fett

Zubereitung

Backofen auf 180°C Umluft (200°C Ober-/Unterhitze) vorheizen. Kürbis und Champignons in ca. 5-7 mm dicke Scheiben schneiden. In eine Schüssel geben. Öl, Paprikapulver, Salz, Kerbel und Oregano zugeben und alles mit den Händen gut vermengen. Auf ein mit Backpapier belegtes Backblech geben und im vorgeheizten Backofen 20 Min. garen.

In der Zwischenzeit Lauch und Rotkohl in feine Scheiben schneiden. Für die Sauce Knoblauch und Zwiebel in den Mixtopf geben und **5 Sek./Stufe 5** zerkleinern. Butter zugeben und **2 Min./100°C/Stufe 1** schmelzen. Mehl zugeben und **2 Min./100°C/Stufe 1** anschwitzen. Restliche Zutaten für die Sauce (außer Parmesan) zugeben und **6 Min./90°C/Stufe 3** erhitzen. Parmesan zugeben und **10 Sek./Stufe 3** unterrühren.

Eine Auflaufform (ca. 25 x 30 cm) am Boden mit Lasagneblättern auslegen. Etwas Kürbis, Pilze, Lauch und Rotkraut darauf verteilen. Etwas Sauce darauf gießen. Wieder eine Schicht Nudelplatten, Gemüse, Sauce usw. Die letzte Schicht sollte eine Gemüse-Sauce-Schicht sein. Zum Schluss Mozzarella zerrupfen und auf der Lasagne verteilen.

Im vorgeheizten Backofen bei 180°C Umluft (200°C Ober-/Unterhitze) 40 Min. garen. Danach Ofen ausschalten und noch 10 Min. ziehen lassen.

4
Port.

RAVIOLI

mit Chicorée und Kürbis

Zutaten

500 g	frische Ravioli, Kürbis- o. Käsefüllung (Kühltheke)
400 g	Kürbis (z.B. Hokkaido)
3 EL	Olivenöl
2-3	Chicorée
2 TL	brauner Zucker
150 g	Pilze (z.B. Buchenpilze)
30 g	Pinienkerne

Für die Sauce

Mascarponesauce
siehe Seite 135

Zubereitung

Ravioli in den Varoma geben. 500 g Wasser in den Mixtopf füllen. Kürbis in kleine Würfel schneiden und auf den Einlegeboden geben.
Alles zusammen **20 Min./Varoma/Stufe 1** garen.

In der Zwischenzeit eine Pfanne mit 1 EL Olivenöl erhitzen. Chicorée in einzelne Blätter teilen und diese kurz bei großer Hitze anbraten. Braunen Zucker darüber streuen und kurz weiterbraten, bis der Zucker karamellisiert ist. Herausnehmen und beiseitestellen.

Nun die Pilze und Pinienkerne mit 2 EL Olivenöl anbraten. Chicorée wieder mit in die Pfanne geben. Temperatur zurückdrehen, damit es warm bleibt.

Wenn der Thermomix fertig ist, Ravioli mit Kürbiswürfeln auf den Tellern verteilen. Nun die Sauce darüber geben. Zum Schluss noch Chicorée, Pilze und Pinienkerne auf die Ravioli verteilen.

Pro Portion:
771 kcal / 53 g KH
21 g EW / 50 g Fett

6 Port.

KOHLROULADEN

mit Birne & Pilzen

Zutaten

6 gr. Blätter Rotkohl	
175 g	Pumpernickel
1	Knoblauchzehe
2	Zwiebeln, halbiert
500 g	braune Champignons
50 g	Öl
100 g	Cashewkerne
2	Eier
1 TL	Salz
1 TL	Gemüsebrühpulver
½ TL	Pfeffer, gem.
¼ TL	Muskat, gem.
½ Bd.	Schnittlauch
2	Birnen
etwas	Öl zum Braten

Pro Portion:
310 kcal / 24 g KH
10 g EW / 18 g Fett

Zubereitung

Rotkohlblätter in einem großen Kochtopf in kochendem Wasser ca. 5-7 Min. weich kochen.

Für die Füllung zuerst Pumpernickel in den Mixtopf geben und **6 Sek./Stufe 4** zerbröseln. In eine Schüssel umfüllen. Knoblauch und Zwiebeln im Mixtopf **5 Sek./Stufe 5** zerkleinern. 350 g Pilze zugeben und **4 Sek./Stufe 4.5** zerkleinern. Öl zugeben und **5 Min./Varoma/Stufe 1** dünsten. Zum Pumpernickel geben. Nun Cashewkerne im Mixtopf (nicht spülen!) **5-7 Sek./Stufe 5** zerkleinern. Zusammen mit Eiern, Gewürzen und Schnittlauch (in Röllchen geschnitten) zugeben. Mit einem Löffel vermengen.

Die Füllung auf die Kohlblätter verteilen und diese mit einem Küchengarn verschließen. In den Varoma und Einlegeboden legen. 500 g Wasser in den Mixtopf füllen und die Rouladen **25 Min./Varoma/Stufe 1** garen.

In der Zwischenzeit restliche Champignons vierteln oder achteln und Birnen in Spalten schneiden. Beides mit reichlich Öl in einer Pfanne anbraten. Herausnehmen und in eine Auflaufform geben. Im Backofen bei 100°C warm halten. Dann Gorgonzolasauce zubereiten, siehe nächste Seite.

Sauce auf den Teller geben, mit Rouladen aus dem Varoma sowie Pilzen und Birnen servieren.

VARIANTE MIT RAVIOLI

mit Gorgonzolasauce

Zutaten

500 g	Ravioli mit Kürbis-Füllung (Kühltheke)
2 kl.	Birnen
250 g	braune Champignons
30 g	Öl zum Anbraten

Für die Sauce

1	Zwiebel
200 g	Sahne
150 g	Milch
100 g	Gorgonzola
etwas	Salz & Pfeffer

Zubereitung

Ravioli nach Packungsanweisung in kochendem Wasser zubereiten. Champignons vierteln oder achteln und Birnen in Spalten schneiden. Beides mit reichlich Öl in einer Pfanne anbraten. Herausnehmen.

Für die Sauce Zwiebel in Würfel schneiden und in der Pfanne anbraten. Sahne und Milch zugeben und aufkochen. Gorgonzola hineinbröckeln und schmelzen. Mit Salz und Pfeffer abschmecken.

Ravioli zugeben, erhitzen und mit Birnen und Champignons auf Tellern anrichten.

Tipp:

Für eine schöne Optik etwas Rotkraut fein darüber hobeln und mit Schnittlauch bestreuen. Für etwas Crunch können Sie noch geröstete gehackte Haselnusskerne darüber streuen.

Pro Portion: 623 kcal / 55 g KH / 20 g EW / 35 g Fett

4
Port.

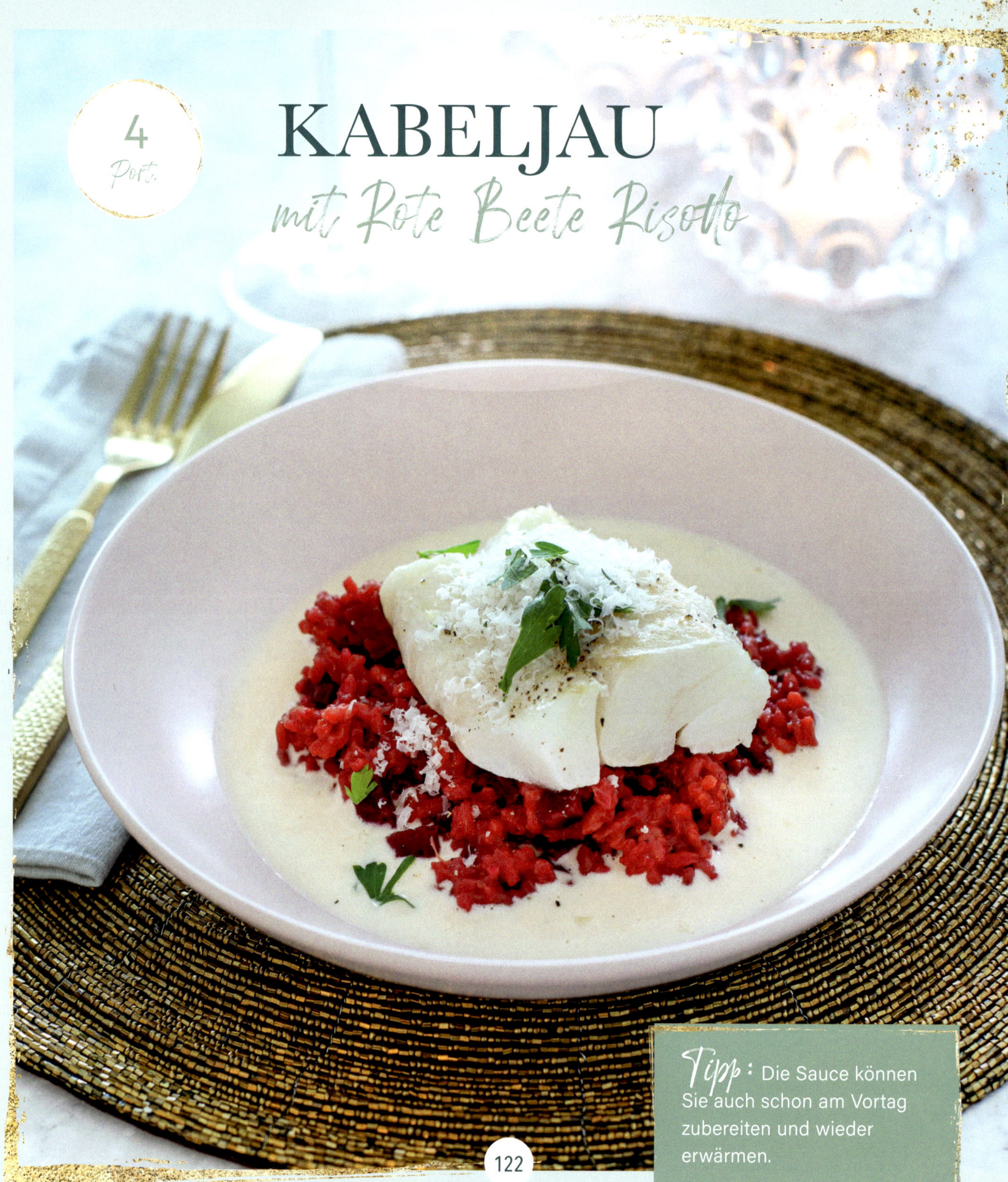

4 Port.

KABELJAU
mit Rote Beete Risotto

Tipp: Die Sauce können Sie auch schon am Vortag zubereiten und wieder erwärmen.

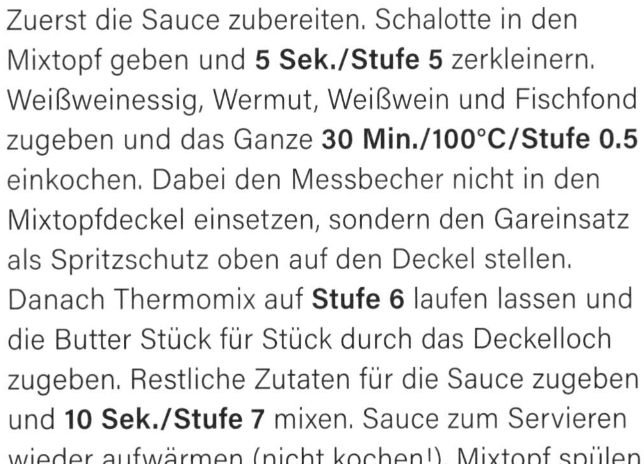

Zutaten

4 Stücke Kabeljau (à 150 g)
etwas Salz & Pfeffer
etwas Zitronensaft
etwas Parmesan
etwas frische Petersilie

Für das Risotto

1 Knoblauchzehe
2 Schalotten
175 g rote Beete, gegart
1 EL Öl
200 g Risottoreis
400 g Fischfond
50 g Weißwein
100 g Wasser
1 TL Gemüsebrühpulver
60 g Butter, in Stücken

Für die Sauce

1 Schalotte
10 g Weißweinessig
25 g Wermut
125 g Weißwein, trocken
75 g Fischfond
125 g Butter
40 g Crème fraîche
1 TL Zucker
50 g Sahne
1 EL Sahnemeerrettich
etwas Salz & Pfeffer

Pro Portion: 755 kcal / 26 g KH
34 g EW / 52 g Fett

Zubereitung

Zuerst die Sauce zubereiten. Schalotte in den Mixtopf geben und **5 Sek./Stufe 5** zerkleinern. Weißweinessig, Wermut, Weißwein und Fischfond zugeben und das Ganze **30 Min./100°C/Stufe 0.5** einkochen. Dabei den Messbecher nicht in den Mixtopfdeckel einsetzen, sondern den Gareinsatz als Spritzschutz oben auf den Deckel stellen. Danach Thermomix auf **Stufe 6** laufen lassen und die Butter Stück für Stück durch das Deckelloch zugeben. Restliche Zutaten für die Sauce zugeben und **10 Sek./Stufe 7** mixen. Sauce zum Servieren wieder aufwärmen (nicht kochen!). Mixtopf spülen.

Backofen auf 130°C Ober-/Unterhitze vorheizen. Die Fischstücke in eine Auflaufform legen und mit etwas Salz und Pfeffer würzen. Mit etwas Zitronensaft beträufeln und für 25-30 Min. in den vorgeheizten Backofen geben. In dieser Zeit das Risotto zubereiten.

Für das Risotto Knoblauch und Schalotten im Mixtopf **5 Sek./Stufe 5** zerkleinern. Rote Beete in kleine Würfel schneiden und mit dem Öl zugeben. Nun **2 Min./100°C/Stufe 0.5** dünsten. Reis zugeben und nochmal **2 Min./100°C/Stufe 0.5** anschwitzen. Restliche Zutaten (außer Butter) für das Risotto zugeben und **20 Min./ ⟲ /98°C/ Sanftrührstufe** garen. Danach Butter zugeben und mit dem Spatel unterziehen.

Risotto und Fisch auf dem Teller platzieren und Sauce rundherum verteilen. Mit etwas Parmesan und Petersilie bestreut servieren.

5
Port.

KABELJAU

auf Süßkartoffelpüree

Für die Sauce

15 g frischer Ingwer
½ rote Chilischote
2 Knoblauchzehen
1 Handvoll Koriander
20 g Öl
1 Dose cremige Kokosmilch (400 g)
einige Kaffir-Limettenblätter*
1 TL Fischsauce
1 TL Limettensaft

Für den Fisch

ca. 800-1.000 g Kabeljau
50 g Butter
1 Zitrone
etwas Salz & Pfeffer

Zubereitung

Zuerst die Sauce zubereiten. Geschälten Ingwer, Chili, Knoblauch und Koriander im Mixtopf **5 Sek./Stufe 6** zerkleinern. Öl zugeben und **2 Min./Varoma/Stufe 1** dünsten. Kokosmilch und Limettenblätter zugeben und **30 Min./98°C/Stufe 1** garen. Danach über ein Haarsieb in einen kleinen Topf gießen. Fischsauce und Limettensaft einrühren. Bis zum Servieren in den Kühlschrank stellen.

Kabeljau in 5 Stücke schneiden. Fischfilets in eine Auflaufform setzen, mit Salz und Pfeffer würzen und etwas Butter auf die Filets geben. Zitrone in Scheiben schneiden und auf den Fisch legen. Das Ganze kommt bis zum Servieren in den Kühlschrank.

Bevor Sie den Fisch in den Ofen geben, bereiten Sie das Süßkartoffelpüree zu (siehe nächste Seite). Gegart wird der Fisch dann bei 180°C Umluft (200°C Ober-/Unterhitze) ca. 20-25 Min. 5 Minuten vor Garzeitende die Sauce erwärmen.

* Info

Kaffir-Limettenblätter gibt es in gut sortierten Supermärkten in der Asia-Abteilung.

Püree & Knusperzwiebeln
nächste Seite >

Für das Püree

50 g	frischer Ingwer
125 g	Wasser
800 g	Süßkartoffeln
80 g	Butter
½ TL	Salz
¼ TL	Pfeffer, gem.

Für die Knusperzwiebeln

2-3	rote Zwiebeln (je nach Größe)
2-3 EL	Mehl
etwas	Frittier- o. Bratöl

Zubereitung

Geschälten Ingwer in den Mixtopf geben und **5 Sek./Stufe 7** zerkleinern. Wasser zugeben und **10 Min./90°C/Stufe 1** erhitzen. Durch ein Sieb geben und Flüssigkeit in einem Glas aufbewahren.

Süßkartoffeln schälen und in Würfel schneiden. In den Varoma geben und beiseitestellen. 500 g Wasser in den Mixtopf füllen, Varoma aufsetzen und **20 Min./Varoma/Stufe 1** dünsten. Danach Garflüssigkeit weggießen, Süßkartoffelwürfel mit Butter, Ingwerwasser, Salz und Pfeffer in den Mixtopf geben und **20 Sek./Stufe 5** cremig mixen. Ggf. den Spatel zur Hilfe nehmen.

Zwiebel in feine Ringe hobeln und mit Mehl bestäuben. Öl in einem Topf erhitzen. Damit man sieht, ob das Öl heiß genug ist, den Stiel eines Holzlöffels auf den Topfboden halten. Wenn Blasen aufsteigen, können Sie die Zwiebeln hineingeben. So lange darin lassen, bis sie anfangen, dunkel zu werden. Immer wieder umrühren. Dann schnell aus dem Topf nehmen und auf ein Küchenkrepppapier geben. Die Zwiebeln werden ziemlich schnell dunkel. Also keinesfalls unaufmerksam sein!

Zum Garnieren

½	Chilischote
etwas	frischer Koriander
etwas	Rettichsprossen
1	Limette, filetiert

Zubereitung

Süßkartoffelpüree auf die Teller geben und etwas platt drücken. Zwiebeln und Fischfilet darauf geben. (Zitronenscheiben entfernen!). Sauce rundherum verteilen. Etwas Koriander, Chiliringe und Limettenfilets auf den Fisch legen und servieren.

Pro Portion:

814 kcal / 44 g KH
39 g EW / 51 g Fett

4
Port.

LACHS IM BLÄTTERTEIG

mit Champagner-Sauce

Zutaten

1 Rolle Blätterteig
1 Knoblauchzehe
1 Schalotte
1 Handvoll Dill
1 Handvoll Petersilie
75 g Gorgonzola
125 g Frischkäse, light
400 g frisches Lachsfilet
etwas Salz & Pfeffer
2-3 Spritzer Zitronensaft
1 Eigelb

Zubereitung

Blätterteig ausrollen und in 4 gleich große Stücke schneiden (s. Bild).

Knoblauch und Schalotte in den Mixtopf geben. Dill und Petersilie zugeben und **5 Sek./Stufe 6** hacken. Gorgonzola, Frischkäse sowie etwas Salz & Pfeffer zugeben. **10 Sek./Stufe 3.5** vermengen. Auf die Teigstreifen geben und je ein Stück Lachs darauf legen. Lachs mit Salz & Pfeffer würzen und mit etwas Zitronensaft beträufeln. Blätterteig darüber schlagen und fest verschließen. Eigelb verquirlen und die Blätterteigpäckchen damit bestreichen. Mit einem scharfen Messer diagonal leicht einschneiden und auf ein mit Backpapier belegtes Backblech setzen. Im vorgeheizten Backofen bei 200°C Ober-/Unterhitze ca. 20 Min. backen.

Champagner-Sauce
nächste Seite >

Tipp:

Dazu passen sehr gut Salzkartoffeln und ein Beilagensalat.

Für die Sauce

2	Schalotten
25 g	Butter
20 g	Mehl
200 g	Fischfond
150 g	Champagner o. trockener Sekt
200 g	Kochsahne, 15%
etwas	Salz & Pfeffer
50 g	kalte Butter

Zubereitung

Für die Sauce Schalotten in den Mixtopf geben und **5 Sek./Stufe 5** zerkleinern. Mit dem Spatel nach unten schieben. Butter zugeben und **2 Min./100°C/Stufe 1** dünsten. Mehl zugeben und **2 Min./100°C/Stufe 1** anschwitzen. Fischfond, Champagner, Sahne sowie etwas Salz und Pfeffer zugeben und **4 Min./80°C/Stufe 2.5** erhitzen. Danach kalte Butter zugeben und **15 Sek./Stufe 7.5** aufschlagen.

Sauce zum Lachs servieren.

Tipp:

Die Lachspäckchen können bereits mehrere Stunden vor dem Dinner zubereitet werden und müssen dann nur noch in den Ofen geschoben werden.

Wer keinen Gorgonzola mag, nimmt mehr Frischkäse und gibt etwas geriebenen Parmesan dazu.

Pro Portion:
823 kcal / 34 g KH / 34 g EW / 58 g Fett

Tipp: Statt Putenmedaillons können Sie auch Hähnchenbrust oder Schweinefilet verwenden. Auch lecker mit Kroketten oder Gemüse.

PUTENMEDAILLONS

mit Weißweinsauce

Zutaten

2	Birnen
400 g	Pappardelle
500 g	Putenmedaillons
etwas	Salz & Pfeffer
500 g	Champignons
4 EL	Wildpreiselbeeren

Für die Sauce

2	Knoblauchzehen
4	Schalotten
50 g	Butter
25 g	Mehl
300 g	Kochsahne, 15%
100 g	Weißwein
200 g	Milch, 1,5%
1,5 TL	Gemüsebrühpulver
etwas	Salz & Pfeffer
50 g	geriebener Parmesan
etwas	Petersilie

Pro Portion:
911 kcal / 100 g KH
55 g EW / 29 g Fett

Zubereitung

Birnen schälen, halbieren und entkernen. Alle 4 Hälften in den Gareinsatz geben. 500 g Wasser in den Mixtopf füllen und die Birnen **16 Min./Varoma/Stufe 1** dünsten. Danach kalt abschrecken.

Für die Sauce Knoblauch und Schalotten in den Mixtopf geben und **5 Sek./Stufe 5** zerkleinern. Butter zugeben und **3 Min./100°C/Stufe 1** dünsten. Mehl zugeben und **2 Min./100°C/Stufe 1** anschwitzen. Restliche Zutaten für die Sauce zugeben und **5 Sek./Stufe 7** mixen. Nun **5 Min./90°C/Stufe 3** aufkochen.

Nudeln in reichlich Salzwasser garen. Putenmedaillons mit Salz und Pfeffer würzen. Pilze in reichlich Öl anbraten. Sobald diese angebraten sind, aus der Pfanne nehmen und das Fleisch braten. Sauce und Pilze zum gebratenen Fleisch geben und kurz aufkochen lassen.

Nudeln mit Fleisch und Sauce sowie einer Birnenhälfte auf jedem Teller platzieren. Preiselbeeren auf der Birne anrichten und servieren.

4
Port.
Variante:
Auch mit Rehrücken möglich. Die Zubereitungsweise bleibt gleich.
Mit Parmesan und frischen Kräutern garnieren.
Hinweis:
Am Vortag beginnen.

SCHWEINEFILET

im Speckmantel mit Bandnudeln

Zutaten

600 g Schweinefilet
1 EL ital. Kräuter, getr.
100 g Serranoschinken
etwas Öl zum Anbraten
400 g Bandnudeln (altern. Tagliatelle)

Für die Sauce

1 Knoblauchzehe
250 g Mascarpone
75 g Weißwein
100 g Kochsahne, 15%
100 g Milch
2 TL Gemüsebrühpulver
½ TL Salz
¼ TL Pfeffer, gem.

Pro Portion:
952 kcal / 77 g KH
56 g EW / 42 g Fett

Zubereitung

Bereits am Vortag das Fleisch vorbereiten: Vom Filet die Sehnen abschneiden. Mit Kräutern einreiben und mit Schinken umwickeln. In Frischhaltefolie wickeln und in den Kühlschrank geben.

Zum Zubereiten des Hauptgangs Backofen auf 200°C Umluft vorheizen. Fleisch in einer Pfanne mit heißem Öl von allen Seiten anbraten, bis sich der Speck bräunlich färbt (Gesamtzeit ca. 3-4 Min.). Danach das Fleisch in eine Auflaufform geben oder auf ein mit Backpapier belegtes Backblech legen und im vorgeheizten Backofen 20 Min. fertig garen. Sollte das Fleisch sehr dick sein, ggf. 3-5 Min. zugeben.

In der Zwischenzeit die Nudeln in reichlich Salzwasser al dente kochen und die Sauce zubereiten. Knoblauchzehe in den Mixtopf geben und **5 Sek./Stufe 6** zerkleinern. Restliche Zutaten für die Sauce zugeben und **5 Min./90°C/Stufe 2** erhitzen.

Pasta mit Sauce vermengen. Fleisch in Scheiben schneiden und zusammen servieren.

Tipp: Bei einer Kerntemperatur von 80°C ist der Braten perfekt durchgegart. Am besten ein Fleischthermometer verwenden.

PUTENROLLBRATEN

mit Pilzfüllung

Zutaten

1 kg	Putenbrust
1 EL	Senf, mittelscharf
1 EL	Honig
½ TL	Pfeffer, gem.
100 g	Südtiroler Speck, in Scheiben
250 g	braune Champignons
etwas	Öl zum Anbraten
400 g	Suppengrün
1 EL	Gemüsebrühpulver

Zubereitung

Putenbrust waagrecht längs aufschneiden, dabei an einer Seite nicht ganz durchschneiden. Fleisch aufklappen, mit Senf und Honig bestreichen und mit Pfeffer würzen. Mit Speckscheiben belegen. Vermutlich bleiben 2-3 Scheiben übrig. Diese klein schneiden und beiseitelegen. Champignons klein würfeln und die Hälfte davon mit dem verbliebenen Speck in einer Pfanne mit Öl scharf anbraten. Backofen auf 200°C Umluft vorheizen.

Champignonmasse auf dem Fleisch verteilen und aufrollen. Braten mit einem Küchengarn zusammenbinden. Nun in der Pfanne mit Öl von allen Seiten kurz heiß anbraten. In einen Bräter oder eine Auflaufform legen.

Restliche Champignons mit in die Form legen. Suppengrün klein schneiden und auch zum Fleisch legen. 500 g Wasser mit Gemüsebrühpulver gemischt zugießen und für 60 Min. im vorgeheizten Backofen backen.

nächste Seite >

Für die Sauce

30 g Saucenbinder, für dunkle Saucen
150 g Kochsahne, 15%
ggf. etwas Gemüsebrühpulver

Zubereitung

Nach Garzeitende Fleisch und Gemüse aus dem Bräter nehmen und den Garsaft in den Mixtopf füllen, ggf. mit etwas Wasser auffüllen bis 250 g erreicht sind. Saucenbinder und Sahne zugeben und **5 Min./100°C/Stufe 3** erhitzen. Ggf. nochmal mit etwas Gemüsebrühpulver abschmecken.

In der Zwischenzeit Fleisch in Scheiben schneiden und auf Tellern anrichten. Wer möchte, kann das Gemüse dazu servieren.

Dazu passen sehr gut Rotkohl (siehe S. 149) und Knödel.

Tipp:

Wer den Braten für 8 Personen machen möchte, nimmt 2 kg Putenbrust und verdoppelt alle weiteren Zutaten. Da diese Menge länger zum Garen benötigt, sollte die Temperatur auf 170°C Umluft reduziert werden. Bitte dann auch den Braten mit Alufolie gut abdecken. Nach ca. 25 Min. Garzeit die Temperatur nochmal auf 130°C Umluft reduzieren und weitere 2 Std. garen. Ggf. nochmal Flüssigkeit nachgießen.

Pro Portion:
495 kcal / 17 g KH / 71 g EW / 18 g Fett

4
Port.

BASISSAUCE

Zutaten

1	kl. Knoblauchzehe
2	Schalotten
30 g	Butter
30 g	Mehl
1 TL	Tomatenmark
1 TL	Sojasauce
100 g	Sahne
100 g	Milch
150 g	Wasser
1 geh. TL	Gemüsebrühpulver
etwas	Salz & Pfeffer, frisch gem.

Zubereitung

Knoblauchzehe und Schalotten im Mixtopf **5 Sek./Stufe 5** zerkleinern. Mit dem Spatel nach unten schieben. Butter zugeben und **2 Min./100°C/Stufe 1** schmelzen. Mehl zugeben und **1 Min./100°C/Stufe 1** anschwitzen.

Restliche Zutaten für die Sauce zugeben und **5 Min./90°C/Stufe 3** erhitzen. Fertig ist die Rahmsauce.

Zum Verfeinern

Die Sauce kann nach Wunsch noch verfeinert werden mit:

- ein paar Pfefferkörnern
- etwas Weinbrand
- etwas Weißwein (trocken)
- etwas Gorgonzola & Weißwein (trocken)

Pro Portion:
176 kcal / 9 g KH / 3 g EW / 14 g Fett

Zu Fleisch, z.B. Rinderfilet oder Fisch z.B. Zander oder Kabeljau

SAUCE BÉARNAISE

cremig lecker

Zutaten

180 g Butter

Für den Estragon-Sud

2 Schalotten
1 TL Estragon
1 TL Kerbel, gerebelt
2 EL Weißwein
2 EL Wasser
1 EL Weißweinessig
etwas Salz & Pfeffer

Außerdem

3 Eigelb
50 g Doppelrahmfrischkäse
1 Spritzer Zitronensaft
etwas Salz
etwas Pfeffer, frisch gem.
etwas Kerbel
etwas Estragon

Pro Portion:
432 kcal / 2 g KH
4 g EW / 45 g Fett

Zubereitung

Butter im Mixtopf **20 Min./100°C/Stufe 1** köcheln. In ein Glas umfüllen. Abkühlen lassen (s. Bild 1). Danach mit einem Löffel die entstandene weiße Schicht abschöpfen und in ein weiteres Glas vorsichtig umfüllen, sodass die abgesetzte weiße Schicht zurückbleibt.

Schalotten im Mixtopf **5 Sek./Stufe 5** zerkleinern. Restliche Zutaten für den Estragon-Sud hinzugeben und **3 Min./Varoma/Stufe 1** erhitzen. Danach absieben (s. Bild 2). Abkühlen lassen.
Sie haben nun den Sud und die geklärte Butter.

Mixtopf spülen. **Rühraufsatz einsetzen.** Eigelb und abgesiebten Estragon-Sud in den Mixtopf geben und Thermomix auf **Stufe 3.5** laufen lassen. Die Butter ganz langsam im dünnen Strahl durch die Deckelöffnung zugießen. Sobald die Butter im Mixtopf ist, noch **20 Sek.** weiterrühren, dann Thermomix stoppen. Frischkäse, Zitronensaft, etwas Salz und Pfeffer sowie nochmal etwas Kerbel und Estragon zugeben und **15 Sek./Stufe 3** unterrühren. In eine Schüssel umfüllen und servieren.

4 Port.

Rotwein-BRATEN-SAUCE

Zutaten

1 Knoblauchzehe
50 g Lauch
1 Karotte
1 kl. Zwiebel
etwas Öl zum Anbraten
1 EL Tomatenmark
200 g Rotwein
150 g Wasser
1 EL Gemüsebrühpulver
1 EL Balsamicoessig
1 TL Salz
¼ TL Pfeffer, gem.
50-100 g Sahne nach Belieben

Zubereitung

Knoblauchzehe, Lauch, Karotte und Zwiebel in Stücke schneiden und in einer Pfanne mit Öl anbraten, bis diese Farbe annehmen. Tomatenmark zugeben und mit anbraten. Alles aus der Pfanne in den Mixtopf geben. Restliche Zutaten (außer Sahne) zugeben und **20 Min./100°C/Stufe 1** garen. Im Anschluss **20-30 Sek./Stufe 9** pürieren. Sahne zugeben und **10 Sek./Stufe 3** unterrühren.

Tipp: Wer die Sauce zu Sauerbraten servieren möchte, nimmt nur 100 g Wasser und 50 g Balsamicoessig.

Pro Portion: 151 kcal / 7 g KH / 1 g EW / 8 g Fett

Champignon-RAHMSAUCE

Zutaten

2 Port.

Rezept kann auch verdoppelt werden.

250 g	Champignons
25 g	Butter
200 g	Kochsahne
100 g	Milch
50 g	Doppelrahmfrischkäse
1 TL	Tomatenmark
1 TL	Gemüsebrühpulver
etwas	Salz & Pfeffer

Zubereitung

Champignons in Scheiben schneiden und in einer Pfanne mit Butter anbraten. Sahne und Milch zugießen und kurz aufkochen lassen. Restliche Zutaten zugeben und mit einem Schneebesen einrühren. Fertig!

Tipp: Mit einem Schuss Weißwein verfeinern. Wer möchte, gibt noch ein paar frische Kräuter dazu.

Pro Portion:
377 kcal / 10 g KH / 10 g EW / 33 g Fett

8
Port.

KARTOFFEL-KUCHEN

mit Käse

Zutaten

600 g Kartoffeln, vorw. festk.
50 g Mandelblättchen
1 Ei
50 g Blauschimmelkäse o. würziger Bergkäse
150 g Crème fraîche
100 g Sahne
½ TL Muskat gem.
1 TL Salz
¼ TL Pfeffer, gem.
50 g Mozzarella, gerieben

Zubereitung

Kartoffeln schälen und in feine Scheiben hobeln. Eine Springform (Ø 20 cm) mit Backpapier auslegen und die Hälfte der Mandelblättchen auf den Boden streuen.

Ei, Blauschimmelkäse, Crème fraîche, Sahne und Gewürze in den Mixtopf geben und **20 Sek./Stufe 4** mixen.

Backofen auf 160°C Ober-/Unterhitze vorheizen. Nun die Kartoffelscheiben im Wechsel mit der Ei-Sahne-Masse in die Springform schichten. Zum Schluss geriebenen Mozzarella darüber streuen und den Kuchen im vorgeheizten Backofen auf dem Gitterrost ca. 50 Min. backen. Die letzten 20 Min. die restlichen Mandelblättchen darüber streuen.

Tipp: Den Kuchen können Sie am Vortag schon backen und am nächsten Tag bei 150°C Umluft ca. 15 Min. aufwärmen.

Pro Portion:
238 kcal / 13 g KH
7 g EW / 17 g Fett

6
Port.

ROTKOHL
mit Preiselbeeren

Zutaten

500 g	Rotkohl
1 EL	Zucker
1 TL	Salz
1	Zwiebel, halbiert
½	Apfel
20 g	Butter
250 g	Apfelsaft
1 EL	Balsamicoessig, dunkel
etwas	Pfeffer, gem.
1	Zimtstange
2-3	Lorbeerblätter
1 EL	Preiselbeeren
30 g	Reis (Milchreis o. Langkornreis) - für die Bindung

Pro Portion:
113 kcal / 18 g KH
2 g EW / 3 g Fett

Zubereitung

Rotkohl in feine Streifen schneiden und in eine Schüssel geben. Mit Zucker und Salz würzen und mit den Händen verkneten. 30 Min. durchziehen lassen.

In der Zwischenzeit Zwiebel und Apfel in den Mixtopf geben und **5 Sek./Stufe 5** zerkleinern. Mit dem Spatel nach unten schieben. Butter zugeben und **3 Min./100°C/Stufe 1** dünsten.

Alle restlichen Zutaten (außer Reis) zugeben und **30 Min./100°C/Sanftrührstufe** garen.

Nun den Reis zugeben, mit dem Spatel vermengen und weitere **30-45 Min./100°C/Sanftrührstufe** garen (je nach gewünschter Bissfestigkeit).

Vor dem Servieren Zimtstange und Lorbeerblätter entfernen. Sie können den Rotkohl entweder gleich servieren oder umfüllen und am nächsten Tag aufwärmen.

6
Port.

KÄSEFONDUE

Käsefondue ist ein traditionelles Schweizer Gericht, bei dem verschiedene Sorten Käse geschmolzen und zu einer cremigen Masse verrührt werden. Dazu werden Brotstücke, Gemüse, Kartoffeln usw. in die geschmolzene Käsemasse eingetaucht und gegessen. Käsefondue ist ein hervorragendes Gericht, um es in geselliger Runde zu genießen.

Zutaten

650 g	Käse (z.B. Bergkäse, Appenzeller, Emmentaler, Gruyère, Commte)*
200 g	Weißwein, trocken
150 g	Wasser
1 Prise	Salz
½ TL	Muskat, gem.
¼ TL	Pfeffer, gem.
2-3 EL	Kirschwasser
2 EL	Speisestärke

Außerdem

1 Knoblauchzehe
Fonduetopf mit Brenner

Zubereitung

Käse in Stücken in den Mixtopf geben und **10-15 Sek./Stufe 7** reiben. Weißwein, 100 g Wasser und Gewürze zugeben und **4 Min./75°C/ /Sanftrührstufe** schmelzen.

Speisestärke mit 50 g Wasser und Kirschwasser anrühren und zur Käsemischung geben. Nochmal **5 Min./100°C/ /Stufe 3** weiter erhitzen.

Fonduetopf mit Knoblauchzehe gut ausreiben und Käsemasse aus dem Mixtopf einfüllen. Topf auf den Brenner stellen (damit der Käse flüssig bleibt) und das Fondue genießen.

Pro Portion:
503 kcal / 5 g KH
27 g EW / 37 g Fett

* Bitte etwas mehr Käse einkaufen, da die Rinde noch entfernt werden muss. Sie benötigen netto 650 g Käse.

Tipp: Wer sehr viel Raclettekäse übrig hat, kann auch noch ein paar Scheiben auf den Boden legen. Danach füllen und nochmal mit Käse abdecken.

RACLETTE-Restekuchen

Für den Teig

200 g Magerquark
40 g Olivenöl
150 g Dinkelmehl, Type 630
50 g Dinkelvollkornmehl
1 TL Backpulver
etwas Salz
ggf. 1-2 EL kaltes Wasser

Für den Guss

3 Eier
150 g Crème fraîche
1 TL Knoblauch, granuliert
1 TL Senf, mittelscharf
1 TL ital. Kräuter, getr.
½ TL Paprikapulver, edelsüß
¼ TL Pfeffer, gem.
¼ TL Muskat, gem.

Außerdem

ca. 500 g Racletteresete:
z.B. kalte Kartoffeln, Erbsen, Schinken, Salami, Zwiebel, Pilze, Mais, Brokkoli usw. sow-ie einigc Scheiben Raclettekäse

Zubereitung

Teigzutaten in den Mixtopf geben und **30 Sek./Stufe 4** zu einem Teig verarbeiten. Teig für 15 Min. in den Kühlschrank geben. Mixtopf spülen.

Teig rund ausrollen und eine gefettete Springform (Ø 26 cm) damit auskleiden. Dabei einen 3 cm hohen Rand hochziehen. Racletterester auf den Teig geben.

Zutaten für den Guss im Mixtopf **15 Sek./Stufe 4** mixen. Über den Kuchen gießen und mit Raclette-käsescheiben belegen. Im vorgeheizten Backofen bei 200°C Ober-/Unterhitze ca. 30-35 Min. backen.

Pro Portion: 234 kcal / 15 g KH / 10 g EW / 14 g Fett

SÜSSES
und
DESSERTS

Für diese süßen Leckereien am Ende des Weihnachtsmenüs sollten Sie noch etwas Platz lassen. Die Desserts sind der krönende Abschluss im Menü und eines gemeinsamen Abends.

Gerade Desserts im Glas sind super praktisch, denn sie lassen sich ganz entspannt am Nachmittag vorbereiten und müssen dann nur noch aus dem Kühlschrank geholt und serviert werden.

4 Port.

Marzipan PANNA COTTA

Zutaten

500 g Milch
100 g Marzipan-Rohmasse
1 P. Gelatine-fix (2 Btl. à 15 g)
1 TL Zimt
½ Vanilleschote, Mark davon

Zubereitung

200 g Milch und Marzipan in Stücken in den Mixtopf geben und **5 Min./80°C/Stufe 2** erhitzen. Restliche Zutaten zugeben und **1 Min./Stufe 3** verrühren.

In 4 Gläser (je 200 ml) füllen und mind. 3-4 Stunden kalt stellen. Nach Belieben verzieren.

Pro Portion: 211 kcal / 17 g KH / 10 g EW / 11 g Fett

Lebkuchen- WAFFELN

4 *Stück*

Zutaten

2	Eier
100 g	Zucker
etwas	Vanillearoma
80 g	Butter
2 TL	Backkakao
1 TL	Lebkuchengewürz
180 g	Milch
180 g	Mehl
2 TL	Backpulver

Zubereitung

Eier, Zucker, Vanillearoma und Butter in den Mixtopf geben und **1 Min./37°C/Stufe 4** mixen. Restliche Zutaten zugeben und **10 Sek./Stufe 4** mixen.

Aus dem Teig 4 Waffeln backen. Mit Zimtsahne und Glühweinkirschen auch ein leckeres Dessert fürs Weihnachtsmenü.

Pro Portion:
484 kcal / 62 g KH / 10 g EW / 21 g Fett

4
Port.

KAFFEE-DESSERT

mit Amaretto

Zutaten

6 TL lösliches Kaffeepulver
6 EL heißes Wasser
200 g Sahne
50 g Zucker
125 g Mascarpone
500 g Magerquark
1 EL Amaretto*
etwas Backkakao

*alternativ ein paar Tropfen Bittermandelaroma

Zubereitung

Kaffeepulver mit heißem Wasser übergießen und auflösen. Abkühlen lassen.

Rühraufsatz einsetzen. Sahne und Zucker in den Mixtopf geben und auf **Stufe 3** steif schlagen. Mascarpone, Quark, Amaretto sowie 2 EL des Kaffees zugeben und **20 Sek./Stufe 3** rühren. In eine Schüssel umfüllen. Restlichen Kaffee darüber gießen und leicht marmorieren.

Creme auf 4 Gläser aufteilen und kalt stellen. Vor dem Servieren mit Kakaopulver bestäuben.

Dessert kann schon am Vortag zubereitet werden.

Tipp: Wer möchten, kann noch zerbröselte Spekulatiuskekse oder Cantuccini mit ins Glas schichten.

Pro Portion:
429 kcal / 28 g KH
18 g EW / 27 g Fett

6
Port.

JOGHURTCREME

Zutaten

500 g Quark, 20%
500 g griechischer Joghurt, 10% Fett
3 EL Honig
1 TL Zimt, gem.

Für die Beeren

500 g TK-Beeren, gemischt
50 g Glühwein*
150 g Beerenkonfitüre
2 TL Speisestärke

Außerdem

6 Spekulatiuskekse
6 Rosmarinspitzen
etwas Orangenschale

* Als alkoholfreie Variante können Sie auch einfach Wasser oder Saft verwenden.

Pro Portion:

337 kcal / 36 g KH / 14 g EW / 13 g Fett

Zubereitung

Quark, Joghurt, Honig und Zimt im Mixtopf **20 Sek./Stufe 4** mixen. Umfüllen, Mixtopf spülen.

TK-Beeren und 30 g Glühwein in den Mixtopf geben und **10 Min./90°C/Sanftrührstufe** erhitzen. Restlichen Glühwein mit Speisestärke verrühren. Nach Garzeitende Stärkegemisch und Beerenkonfitüre zugeben und nochmal **3 Min./90°C/Sanftrührstufe** erhitzen. Masse abkühlen lassen.

Zum Servieren die Quarkcreme und Glühweinbeeren in 6 Gläser schichten. Mit zerbröselten Spekulatiuskeksen sowie etwas Rosmarin und Orangenschale garnieren.

Tipp: Die Glühweinbeeren passen auch sehr gut zu Schokoküchlein (s. Seite 165).

Zum Anrichten

Die Teller mit etwas Kakaopulver bestäuben. Mithilfe eines Esslöffels je zwei Nocken Mousse au Chocolat darauf setzen. Daneben eine Kugel Eis nach Wahl. Die Fruchtsalsa auf die Teller geben und mit Minze und gehackten Pistazienkernen verzieren.

MOUSSE AU CHOCOLAT

mit Fruchtsalsa

Für das Mousse

250 g Zartbitterschokolade, 70% Kakaoanteil (z.B. von Lindt)
2 frische Eier (Legedatum beachten)
2 EL Orangensaft, frisch gepresst
etwas Vanilleextrakt (Vanillepaste)
1 Prise Meersalz
500 g Sahne

Für die Fruchtsalsa

2 Grapefruits
2 Orangen
125 g Heidelbeeren
etwas Zimt, gem.
etwas Honig
3 EL Orangensaft, frisch gepresst

Pro Portion:
601 kcal / 31 g KH
9 g EW / 46 g Fett

Zubereitung

Schokolade in Stücken in den Mixtopf geben und **5 Sek./Stufe 6** hacken. In eine Schüssel umfüllen und über dem Wasserbad schmelzen.

Mixtopf spülen. **Rühraufsatz einsetzen.** Eier, Orangensaft, Vanilleextrakt und Meersalz in den Mixtopf geben und **8 Min./50°C/Stufe 4** aufschlagen. Flüssige Schokolade zugeben und **20 Sek./Stufe 4** unterrühren. Masse in eine Schüssel umfüllen.

Mixtopf kalt spülen. (Muss kalt sein!) **Rühraufsatz einsetzen.** 500 g Sahne einfüllen und auf **Stufe 3-4** steif schlagen. Sichtkontakt halten! Nun die Schoko-Ei-Masse zur Sahne geben und **20 Sek./Stufe 3.5** vermengen. Die Schokomasse in eine Schüssel füllen und über Nacht (mind. 4 Std.) in den Kühlschrank stellen.

Für die Fruchtsalsa Grapefruits und Orangen filetieren und nach Belieben klein schneiden. Heidelbeeren halbieren. Alles mit Zimt, etwas Honig und Orangensaft gut vermengen und bis zum Servieren kalt stellen.

Tipp: Der Teig kann schon 2-3 Tage vorher zubereitet und im Kühlschrank gelagert werden.

SCHOKOKÜCHLEIN

mit flüssigem Kern

Zutaten

250 g	Zartbitterschokolade, 70% Kakaoanteil (z.B. von Lindt)
175 g	Butter
5	Eier (Gr. M)
1 Prise	Salz
100 g	Zucker
90 g	Mehl

Zubehör:
6 kleine Förmchen, Alu oder Keramik (Inhalt 100 ml)

Pro Portion:
624 kcal / 42 g KH
11 g EW / 44 g Fett

Zubereitung

Schokolade in Stücken in den Mixtopf geben und **5 Sek./Stufe 7** hacken. Butter in Stücken zugeben und **7 Min./70°C/Stufe 1** schmelzen. In eine Schüssel umfüllen. Mixtopf muss nicht gespült werden!

Eier, Salz und Zucker in den Mixtopf geben und **1 Min./37°C/Stufe 2.5** erwärmen. Mehl und flüssige Schokolade zugeben und **20 Sek./Stufe 4** mixen.

Je 100 ml Teig in 6 kleine Förmchen füllen. Wenn Sie Keramikförmchen nutzen, diese vorher leicht fetten. Förmchen samt Teig bis zum Dinner in den Kühlschrank stellen.

Zum Servieren: Förmchen auf dem Gitterrost im vorgeheizten Backofen bei 180°C Umluft garen (alternativ 200°C Ober-/Unterhitze).
Backzeit im Aluförmchen: 10-11 Min.
Backzeit in Keramikförmchen: 13 Min.

Danach mit einem Messer am Rand von der Form lösen und auf einen Teller stürzen.

Tipp:
Auch lecker mit
Kirschgrütze.

BRATAPFEL-TIRAMISU

mit Spekulatius

Für die Creme

100 g Sahne
75 g Zucker
250 g Mascarpone
250 g Magerquark
1 EL Zitronensaft
½ TL Spekulatiusgewürz

Für die Bratapfelmasse

4 Äpfel
1 EL Butter
1 TL Zimt
1 TL Spekulatiusgewürz
1 TL Zitronensaft
4 EL Zucker

Außerdem

30 Spekulatiuskekse
1 Tasse Espresso
2 EL Weinbrand (altern. Milch)
etwas Backkakao zum Bestäuben

Zubereitung

Sahne und Zucker in den Mixtopf geben und **5 Sek./Stufe 10** mixen. Mascarpone, Quark, Zitronensaft und Spekulatiusgewürz zugeben und **20 Sek./Stufe 4-5** cremig rühren. Masse umfüllen.

Äpfel schälen, entkernen und in Würfel schneiden. Butter in einer beschichteten Pfanne zerlassen, bis diese leicht bräunlich wird. Apfelwürfel und restliche Zutaten für die Bratapfelmasse zugeben und ca. 5 Min. in der Pfanne braten.

Eine Auflaufform mit einer Lage Spekulatiuskeksen auslegen und etwas Creme darauf geben. Nun einen Teil der Apfelmasse aus der Pfanne darauf geben. Jetzt kommt wieder eine Schicht Spekulatiuskekse, diese aber in dem Gemisch aus Espresso und Weinbrand tränken. Wieder eine Schicht Creme und Apfelmasse. Die nächste Schicht Spekulatius nicht tränken. Mit Creme abschließen und vor dem Servieren mit Kakao bestäuben.

Pro Portion:
639 kcal / 75 g KH / 10 g EW / 32 g Fett

Tipp:

Servieren Sie dazu ein Beeren-Eis und frische Beeren. Die Fruchtsauce reicht für 8 Portionen und hält sich im Kühlschrank einige Tage. Auch sehr lecker zu Pfannkuchen.

PANNA COTTA

Für den Crumble

60 g Butter, in Stücken
100 g Mehl
30 g brauner Zucker
1 TL Backkakao
1 TL Lebkuchengewürz
1 Prise Meersalz

Für die Panna Cotta

200 g Sahne
1 EL selbstgemachter Vanillezucker
15 g Sofortgelatine (kalt löslich)
etwas Tonkabohne, gem.

Für die Sauce

1 Glas Heidelbeeren mit Saft (340 ml)
1 EL Speisestärke
1 EL Puderzucker
etwas Tonkabohne, gem.

Zubereitung

Am Vortag den Crumble zubereiten. Alle Zutaten in den Mixtopf geben und **25 Sek./Stufe 4** verrühren. Es sollten dabei etwas gröbere Streusel entstehen. Die Teigbrösel auf ein mit Backpapier belegtes Backblech geben und im vorgeheizten Backofen bei 180°C Umluft 15 Min. backen. Abkühlen lassen und über Nacht in einer Blechdose lagern.

Alle Zutaten für die Panna Cotta in den Mixtopf geben und **30 Sek./Stufe 3** verrühren. In kleine Gläser (à 50 ml) füllen und über Nacht in den Kühlschrank stellen.

Für die Beerensauce alle Zutaten (außer Speisestärke) in den Mixtopf geben und **20 Sek./Stufe 9** pürieren. Speisestärke zugeben und **4-5 Min./90°C/Stufe 3** erhitzen. Sauce abkühlen lassen und in ein Schraubglas füllen. Im Kühlschrank aufbewahren.

Fruchtsauce auf die Panna Cotta Gläschen verteilen. Zusammen mit dem Crumble auf Tellern anrichten. Mit Puderzucker und gehackten Pistazien bestreuen und Früchte platzieren.

Pro Portion: 325 kcal / 27 g KH / 4 g EW / 22 g Fett

4
Port.

Zum Anrichten

eine Teigplatte auf den Teller legen. Creme aufspritzen und etwas zerbröselte Kekse darauf geben. Dann drei Kirschen und etwas Sauce. Vorgang zweimal wiederholen, sodass ein Türmchen entsteht (s. Bild).

Dazu passt gut eine Kugel Eis!

MILLE-FEUILLE
mit Amarenakirschen

Für die Kirschen

200 g Rotwein
1 TL Glühweingewürz
30 g Zucker
1 Glas Amarenakirschen (230 ml)
1 EL Speisestärke
1 EL Wasser
50 g Orangensaft

Für die Creme

100 g Sahne
25 g Puderzucker
200 g Mascarpone
1 EL Zitronensaft

Außerdem

1 großes Filoteigblatt
1 EL Butter
etwas Puderzucker
50 g Cantuccini, zerbröselt (o. Spekulatiuskekse)

Pro Portion:
620 kcal / 72 g KH
6 g EW / 32 g Fett

Zubereitung

Rotwein, Glühweingewürz und Zucker in den Mixtopf geben und **20 Min./100°C/Stufe 1** kochen und etwas reduzieren. In der Zwischenzeit Kirschen absieben und in eine Schüssel geben. Speisestärke mit Wasser anrühren. Zusammen mit dem Orangensaft in den Mixtopf geben und nochmal **4 Min./100°C/Stufe 2.5** aufkochen, damit das Ganze etwas andickt. Sauce zu den Kirschen geben und abkühlen lassen. (Kann schon am Vortag gemacht werden.)

Für die Creme Sahne in den Mixtopf geben. **Rühraufsatz einsetzen.** Puderzucker zugeben und auf **Stufe 3.5** steif schlagen. In eine Schüssel umfüllen und Mascarpone und Zitronensaft mit dem Schneebesen unterschlagen. Creme in einen Spritzbeutel füllen. Kalt stellen.

Für die Teigplatten aus dem Filoteig 12 Quadrate (ca. 6 x 6 cm) ausschneiden und auf ein mit Backpapier belegtes Backblech legen. Backofen auf 160° C Umluft vorheizen. Butter schmelzen (z.B. Mikrowelle) und die Teigplatten mit Butter bestreichen. Mit Puderzucker bestäuben und im Ofen ca. 5-7 Min. knusprig backen.

Kann am Vortag zubereitet werden.

LEBKUCHEN PANNA COTTA

mit Rumfrüchten

Für die Panna Cotta

3 Blatt	Gelatine
400 g	Sahne
75 g	Zucker
1 TL	Lebkuchengewürz
1 Prise	Zimt

Für die Rumfrüchte

2	Orangen
1 EL	Honig
1	Vanilleschote, Mark davon
40 g	Rum
1	Grapefruit
1	Pflaume
100 g	Brombeeren
100 g	Johannisbeeren
100 g	Himbeeren

Pro Portion:
551 kcal / 47 g KH
6 g EW / 31 g Fett

Zubereitung

Gelatine in kaltem Wasser einweichen. Sahne, Zucker, Lebkuchengewürz und Zimt in den Mixtopf geben und **5 Min./90°C/Stufe 2** erhitzen. Dabei in der letzten Minute die ausgedrückte Gelatine zugeben. Masse in 4 Gläser füllen und schräg in den Kühlschrank stellen zum Gelieren. Am besten verwendet man dafür einen leeren Eierkarton.

Für die Rumfrüchte eine Orange auspressen und den Saft mit Honig und Vanillemark in einem Topf auf dem Herd ca. 5-6 Min. sprudelnd kochen lassen. Dann Rum zugeben und vom Herd nehmen.

Die zweite Orange sowie die Grapefruit filetieren. Pflaume klein würfeln. Zusammen mit den restlichen Zutaten zum Orangen-Rum-Gemisch geben und gut vermengen. Ebenso in den Kühlschrank stellen.

Zum Anrichten die Früchte auf die Panna Cotta geben und servieren.

Tipp: Wer frische Birnen verwenden möchte, geht vor wie auf Seite 133.

Schoko-
BIRNEN-DESSERT

Zutaten

300 g Zartbitterschokolade, 70% Kakaoanteil
1 Liter Milch, 3,5%
700 g Sahne
50 g Zucker
40 g Backkakao
60 g Speisestärke
2 P. Vanillezucker
2 Btl. Sofortgelatine (à 30 g)
1 gr. Dose Williams Christ Birnen (Abtr.gew. 480 g)
etwas Haselnusskrokant
etwas geraspelte Schokolade

Zubereitung

Schokolade in Stücken in den Mixtopf geben und **5 Sek./Stufe 5** hacken. Milch, 200 g Sahne und Zucker zugeben und **7 Min./70°C/Stufe 2.5** schmelzen. **Rühraufsatz einsetzen.** Backkakao und Stärke zugeben und **7 Min./95°C/Stufe 2.5** erhitzen.

Den flüssigen Pudding in eine Schüssel füllen und an der Oberfläche mit Frischhaltefolie abdecken, so bildet sich keine Haut. Für 4-5 Std. in den Kühlschrank stellen (gerne auch über Nacht).

Mixtopf spülen. **Rühraufsatz einsetzen.** Restliche Sahne (500 g) mit Vanillezucker auf **Stufe 3** steif schlagen. **Rühraufsatz entfernen.** Die Hälfte der geschlagenen Sahne in einen Spritzbeutel füllen. Zur anderen Hälfte Gelatine mit in den Mixtopf geben. Schokocreme aus dem Kühlschrank zugeben und **1 Min./Stufe 4.5** cremig rühren.

Schokocreme auf 12 kleine Gläser verteilen und je ein Stück Birne einsetzen und etwas Sahne aufspritzen. Für 3-4 Std. nochmal in den Kühlschrank stellen. Vor dem Servieren mit Haselnusskrokant und Schokolade garnieren.

Pro Portion:
464 kcal / 31 g KH
8 g EW / 33 g Fett

Hinweis:
Am Vortag beginnen.

KÄSE-NACHSPEISE

mit Glühweinbirnen

Zutaten

2	Birnen
½ Fl.	Glühwein
4 TL	Honig
ca. 100 g	Morbier-Käse
ca. 100 g	Blauschimmelkäse
ca. 80 g	Trüffel-Brie
25 g	Pekannusskerne
25 g	Walnusskerne
25 g	Cashewkerne
25 g	Mandeln, ganze
2 EL	Zucker
2 EL	Aprikosenmarmelade
2 EL	Weißwein
8	blaue Trauben
etwas	Pfeffer, frisch gem.

Tipp: Glühwein danach nicht wegschütten. Kann problemlos getrunken oder ein Gelee daraus gemacht werden.

Pro Portion:
646 kcal / 40 g KH
23 g EW / 39 g Fett

Zubereitung

Birnen halbieren, das Kerngehäuse herausschneiden und im Glühwein 1 Tag einlegen. Dann auf dem Herd ca. 10 Minuten kochen. Im Glühwein vollständig abkühlen lassen.

Birnen herausnehmen, fächerartig einschneiden und auf den Tellern platzieren. Über die Birne jeweils 1 TL Honig geben. Käse in Stücke schneiden und aufteilen.

Alle Nüsse auf ein Schneidbrett geben und mit einem Messer grob hacken. Es reicht, wenn die Nüsse 1-2 x durchtrennt sind. In eine beschichtete Pfanne geben und anrösten. Sobald die Nüsse etwas Farbe bekommen, Zucker darüber streuen und schmelzen lassen. Dabei immer rühren. Aprikosenmarmelade und Weißwein zugießen, unterrühren und die Nussmischung aus der Pfanne auf ein Backpapier geben und abkühlen lassen.

Vor dem Servieren die Nüsse über dem Käse verteilen und mit jeweils zwei in dünne Scheiben geschnittenen Trauben verzieren. Zum Schluss noch mit etwas frisch gemahlenem Pfeffer würzen.

Rezeptübersicht A BIS Z

A B

C D F

G

H I J

K

L

M N

P

R

S T

V

W

Z